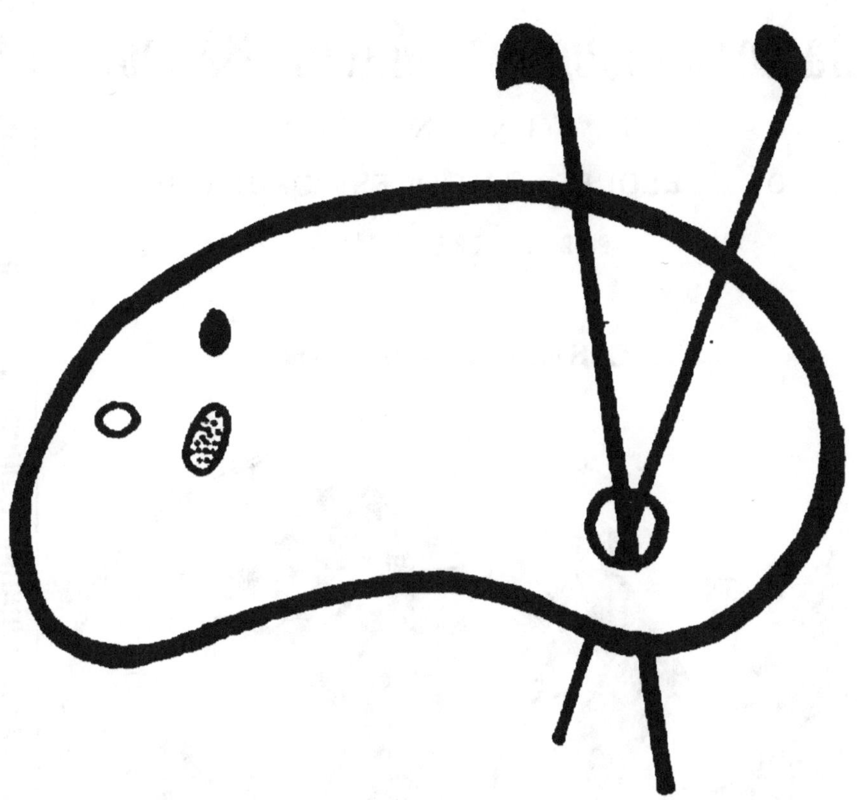

COUVERTURE SUPÉRIEURE ET INFÉRIEURE
EN COULEUR

VIE
DES SAINTES
Marie Jacobé et Marie Salomé

SUIVIE D'UNE NEUVAINE

ET DE QUELQUES CANTIQUES POPULAIRES

PAR L'ABBÉ X***

TROISIÈME ÉDITION

MONTPELLIER

IMPRIMERIE CENTRALE DU MIDI

Hamelin Frères

—

1879

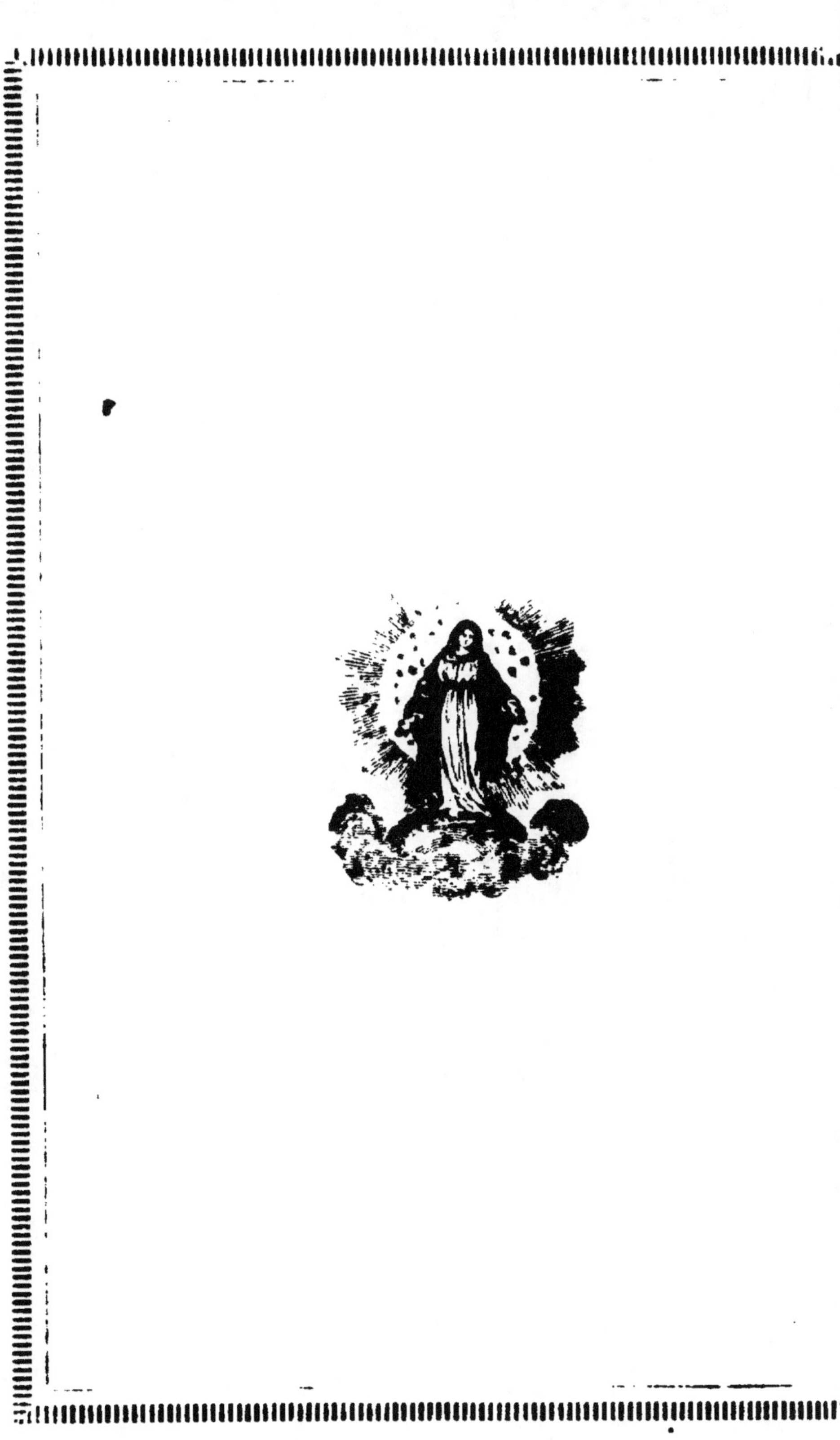

VIE

DES SAINTES

Marie Jacobé et Marie Salomé

SUIVIE D'UNE NEUVAINE

ET DE QUELQUES CANTIQUES POPULAIRES

TROISIÈME ÉDITION

MONTPELLIER

IMPRIMERIE CENTRALE DU MIDI

(HAMELIN FRÈRES, rue de l'Observance)

M DCCC LXXIX

AVANT-PROPOS

Les historiens, les monuments anciens et la tradition elle-même, nous fournissent peu de détails sur la vie des Saintes Maries. Il n'y a rien là qui étonne. Les premiers chrétiens se transmettaient de vive voix les faits remarquables ou miraculeux de ceux qui les avaient engendrés à la foi; ils s'appliquaient avant tout à graver dans leur cœur les exemples de vertus dont ils étaient les témoins, et ils les célébraient dans leurs chants aux jours de fête.

Nommer les saintes Maries Jacobé et Salomé, c'est nommer, parmi les saintes femmes qui étaient à la suite du Sauveur, celles qui, avec sainte Magdeleine et sainte Marthe, lui ont témoigné le dévouement le plus grand et le plus fidèle. C'est nommer les bienheureuses Mères de quatre Apôtres, dont trois ont relevé cette dignité par la palme du martyre. C'est nommer pour nous, habitants de la Provence et du Languedoc, nos Apôtres et nos Mères dans la foi. Car, tandis que leurs enfants scellaient de leur sang les vérités divines qu'ils enseignaient dans l'Orient, les Saintes Maries, bravant, par un miracle insigne, les périls de la mer, apportaient le flambeau de la foi dans l'Occident, et, entre les Mères et les enfants, l'univers était évangélisé et converti au christianisme.

Je vais donc raconter l'histoire des Saintes Maries, assuré de plaire en même temps aux illustres Apôtres dont elles furent les bienheureuses Mères, à l'Immaculée Vierge Marie dont elles furent les proches parentes, et à N.-S. lui-même qui, pendant sa vie mortelle, les honora de son estime et de sa confiance, et qui aujourd'hui, du haut du Ciel, les glorifie en accordant à leur intercession les grâces les plus abondantes et même des miracles.

Les nombreux pèlerins des Saintes Maries, et en particulier les habitants de Cette et de Montpellier, si connus par leur dévotion envers ces grandes Saintes, trouveront dans la lecture de ce petit livre des motifs de conserver, d'augmenter même leur confiance et leur amour envers elles, et se sentiront portés à recourir plus souvent à leur intercession, pour en obtenir des grâces plus abondantes.

Quoiqu'il existe déjà plusieurs vies des Saintes Maries, j'ai cru pouvoir écrire celle-ci, persuadé que la source des louanges qu'elles méritent n'avait pas été épuisée, et qu'il y avait encore des épis à glaner et des fleurs à cueillir dans le champ des traditions religieuses du Languedoc et de la Provence.

VIE

DES

SAINTES MARIE JACOBÉ

ET MARIE SALOMÉ

CHAPITRE PREMIER

Généalogie des Saintes Maries. Leur histoire avant la vie publique de Jésus-Christ.

Selon l'opinion la plus probable, Sainte-Marie Jacobé était fille de Nathan, de la tribu de Lévi. Sa mère s'appelait Marie. Elle était sœur de sainte Anne et de Sobé, mère de sainte Elisabeth, qui donna naissance à saint Jean-Baptiste. Elle épousa Cléophas, frère de saint Joseph : d'où vient que saint Jean l'appelle Marie de Cléophas. Elle en eut quatre fils : saint Jacques le Mineur, saint Jude,

saint Siméon, évêque de Jérusalem, successeur
de saint Jacques le Mineur, et saint Joseph, sur-
nommé le Juste, dont il est parlé dans les *Actes
des Apôtres*. Elle est désignée plus souvent dans
l'Évangile par le nom de Marie, mère de Jacques,
et plus connue dans le pays où reposent ses reliques par le surnom de *Jacobé*.

Sainte Marie Salomé était ainsi appelée à cause
de Salomé, son père. Elle était parente de la sainte
Vierge. Elle épousa Zébédée, dont elle eut deux
fils : saint Jacques le Majeur et saint Jean l'Evan-
géliste, qui, tous deux, furent élevés à l'apostolat.
Saint Jacques le Majeur fut le premier des Apôtres qui reçut la couronne du martyre : il eut la
tête tranchée par ordre d'Hérode III, neveu de celui qui fit mourir saint Jean-Baptiste et petit-fils
de celui qui fit massacrer les saints Innocents.

D'après cette généalogie, on peut appeler,
comme c'était l'usage parmi les Juifs, saint Jacques le Mineur frère de Notre-Seigneur, et sainte
Marie Jacobé sœur de la Très-Sainte Vierge, c'est-
à-dire sa belle-sœur, puisque Cléophas était frère
de saint Joseph.

De ce que l'histoire et la tradition nous donnent
peu de détails sur les Saintes Maries, ce n'est pas
à dire que leur vie se soit écoulée dans l'obscu-
rité ou que leurs noms ne puissent revendiquer la
gloire qui excite ordinairement notre admiration
et notre estime. Au contraire, leurs actions sont
connues de la terre entière, et bien des grandeurs

humaines envieraient la noblesse de leur origine. En effet, elles descendaient de la famille royale de David, qui avait donné tant de rois au trône de Juda, de laquelle devait naître le Rédempteur promis au genre humain. Elles n'étaient pas sans gloire du côté de l'alliance, puisqu'elles étaient unies par les liens du sang avec la famille la plus auguste qui fût alors, je veux dire avec la mère du Dieu fait homme, dont elles étaient appelées les sœurs, et avec Notre-Seigneur Jésus-Christ lui-même, dont elles étaient les tantes. Voudrions-nous les louer du côté de leurs enfants? Tous ceux qu'elles ont eus de leur mariage ont été mis au nombre des Saints : quatre ont été honorés de la gloire de l'apostolat, et parmi ceux-ci, trois ont relevé cette dignité par la couronne du martyre. Je ne m'attacherai pas cependant à louer ces avantages qui font l'admiration des hommes; j'exalterai de préférence et j'offrirai à l'imitation des pèlerins des Saintes Maries leur docilité à écouter la parole de Jésus-Christ et leur fidélité à la mettre en pratique; leur grand amour surtout pour sa personne sacrée, qui a été l'origine de leurs glorieux priviléges, de ia prédilection du Sauveur à leur égard, et la cause du bonheur sans fin dont elles jouissent dans le Ciel.

Quand l'ange du Seigneur eut apparu en songe à Joseph en Égypte et lui eut ordonné de prendre l'enfant et sa mère et de retourner dans la terre d'Israël, parce que ceux qui en voulaient à la vie de l'enfant n'étaient plus, les Saintes Maries durent être les premières à venir féliciter la Sainte Vierge du bonheur de son retour et à voir son enfant, sur lequel la renommée avait répandu des bruits si étonnants : sur sa naissance dans une étable, sur l'apparition d'une étoile miraculeuse, sur l'adoration des Mages, sur le massacre des Innocents. Mais, quand elles furent témoins de sa beauté et de sa modestie, quand elles virent sa tête couronnée d'une chevelure ondoyante, son front où la majesté royale était empreinte, ses yeux perçants qui lisaient au fond des cœurs, sa bouche gracieuse qui ne s'ouvrait que pour sourire et pour bénir, elles ne purent contenir leurs sentiments d'amour ; elles pressèrent dans leurs mains sa robe sacrée et imprimèrent sur ses pieds de pieux baisers ; et Jésus, qui, pour la première fois, voyait les plus proches parentes de sa sainte mère, les combla de grâces intérieures et imprima profondément dans leur cœur son image.

On peut croire pieusement que, dès-lors, les Saintes Maries recherchèrent les occasions de visiter la solitude de Nazareth, d'entrer dans l'humble atelier où Jésus travaillait sous les yeux de saint Joseph, d'écouter les paroles divines qui sortaient de sa bouche. Il n'est pas aussi hors de toute croyance que la mère de Jésus acceptait volontiers le concours de leurs doigts pour travailler aux vêtements de son enfant, peut-être de cette robe sans coutures qui, sur le Calvaire, devait exciter la cupidité de ses bourreaux. Et Jésus, qui se trouvait là en famille, leur découvrait une partie des trésors de sagesse qu'il cachait au reste des hommes, et les disposait au ministère de zèle auquel il les destinait dans sa vie publique.

CHAPITRE II

Les Saintes Maries pendant la vie publique de Jésus-Christ

Quand l'heure de sa manifestation au monde eut sonné, Jésus se dirigea vers Capharnaüm, où il avait choisi le chef de son Église et ces douze pêcheurs destinés à la conquête de l'univers. Préparées d'avance et mûres pour l'Apostolat, les Saintes Maries se consacrèrent au service de Jésus-Christ en le suivant dans ses prédications. Elles quittèrent tout pour s'attacher à lui, alors même qu'elles ne pensaient peut-être admirer et aimer dans le fils de leur sœur qu'un homme de Dieu, un grand prophète, mais non le Verbe éternel, le Fils de Dieu fait homme.

C'était l'usage parmi les Juifs que ceux qui se destinaient à l'instruction des peuples fussent suivis de quelques femmes vertueuses qui les aidaient de leurs soins et de leurs biens, afin de n'être à charge à personne. Ces pieuses femmes fournissaient, selon leur pouvoir, aux ministres de la parole, ce qui leur était nécessaire. Elles ménageaient en faveur d'une œuvre aussi sainte le crédit et l'assistance des personnes de leur sexe. Elles annonçaient la venue de ces hommes extraordinaires, occupés de la gloire de Dieu et du salut de leurs frères, et elles n'oubliaient rien pour leur préparer les esprits et les cœurs. Les Saintes Maries s'occupèrent avec tout le zèle possible de ces fonctions glorieuses, sacrifiant volontiers au service de Jésus-Christ et au salut du prochain les biens qu'elles possédaient.

Les évangélistes nous ont conservé le récit intéressant de la demande de Marie Salomé pour l'élévation de ses deux fils, Jacques et Jean, au-dessus de tous les autres Apôtres.

Jésus-Christ avait quelquefois entretenu ses Apôtres de l'éclat et du séjour de sa gloire après sa Résurrection, et leur avait promis qu'ils seraient assis avec lui sur douze trônes pour juger les douze tribus d'Israël. Encore peu éclairés, les Apôtres se figuraient que ce règne serait visible et terrestre ; les honneurs, les dignités firent impression sur Jacques et Jean, les deux fils de Salomé. Ils aspiraient aux deux premières places, et voulaient être assis, l'un à la droite et l'autre à la gauche de Jésus-Christ. Ils en parlèrent à Salomé, leur mère, et lui firent partager leurs idées.

Salomé, se laissant entraîner au penchant naturel
d'une mère quand il s'agit de l'élévation de ses
enfants, supplia en effet Jésus-Christ d'accorder
à l'un et à l'autre la faveur qu'ils désiraient.

« Ordonnez, lui dit-elle, que mes deux fils soient
assis, dans votre royaume, l'un à votre droite et
l'autre à votre gauche. » Elle dit, et attend avec
confiance le succès de sa demande. Le Sauveur
comprit qu'elle avait été poussée par ses deux fils
à lui faire cette demande ; il n'osa l'attrister par
un refus ; mais, s'adressant à Jacques et à Jean :
« Vous ne savez, leur dit-il, ce que vous demandez.
Pouvez-vous boire le calice que je boirai moi-
même ? Vous le boirez, en effet, ajouta Jésus-
Christ ; mais, pour ce qui est d'être assis à ma
droite et à ma gauche, cette grâce est réservée à
ceux à qui mon père l'a préparée. » Paroles dures
pour le cœur de Salomé, mais qui n'étaient pas
une condamnation de sa demande.

On ignore le temps auquel les Saintes Maries se
mirent à la suite de Jésus-Christ et la manière
dont se fit leur vocation, si Notre-Seigneur les ap-
pela à sa suite, comme les Apôtres, par une parole
extérieure qui était comme le signe sacramentel
de leur vocation et qui opérait ce qu'elle signi-
fiait. Il est plus probable qu'elles suivirent Jésus-
Christ attirées par une grâce intérieure que Notre-
Seigneur répandit dans leurs âmes ; mais ce qu'il
y a de certain, c'est qu'elles furent si fidèles à sa
première grâce que, les Apôtres même et leurs

propres enfants ayant abandonné le Sauveur au moment de sa passion, les Saintes Maries lui furent constamment dévouées, comme nous allons le voir dans le chapitre suivant.

CHAPITRE III

Les Saintes Maries pendant la Passion de Jésus-Christ

Jusque-là l'amour des Saintes Maries pour Jésus-Christ n'avait fait que croître au milieu des travaux inséparables du pieux ministère qu'elles exerçaient envers lui. Ce qui allait suivre devenait, pour ces généreuses femmes, une épreuve d'autant plus rude, qu'il ne paraît pas qu'elles y fussent préparées et qu'elles fussent instruites du mystère de la Croix. Il n'en était pas ainsi des Apôtres : le divin Maître les avait bien des fois prévenus sur le genre de ses souffrances et de sa mort. Quelques jours avant son entrée triomphante dans la ville, il leur avait dit ouvertement: « Voilà que nous allons à Jérusalem, et le Fils de l'homme sera livré aux Princes des Prêtres et aux Scribes, qui le condamneront à mort, et il ressuscitera le troisième jour. » Cependant, aux premières approches de l'orage, tous l'abandonnèrent. Pour les Saintes Maries, leur attachement pour Jésus-Christ triompha de la crainte des hommes. Elles ne furent pas moins victorieuses de la terreur que les Juifs perfides et inhumains devaient naturellement leur inspirer. On peut dire même que, dans cette occasion, elles signalèrent tout à la fois et leur courage et leur amour pour le Sauveur, montrant qu'elles étaient des femmes vraiment fortes et fortement attachées au divin Maître, puisqu'elles lui demeurèrent fidèles dans ce jour de ses ignominies et de ses souffrances. Elles l'accompagnèrent partout, sans être arrêtées, ni par la cruauté des Juifs, ni par les mauvais traitements des soldats, ni par les insultes d'un peuple irrité et déchaîné contre Jésus-Christ.

Les livres saints nous les montrent sur le Calvaire, aux pieds de la Croix, avec sainte Magdeleine et la mère de Jésus-Christ. Au pied de la Croix, dit saint Jean, se tenaient la mère de Jésus et la sœur de sa mère, Marie de Cléophas, Marie Magdeleine et Salomé. Soutenant la douleur immense de la Sainte-Vierge, elles assistent au premier sacrifice de la loi nouvelle, et s'unissent à la victime innocente qui s'immole volontairement pour elles et pour le salut de tout le genre humain, dans des sentiments d'amour, de compassion, d'horreur pour le péché, plus faciles à comprendre qu'à exprimer. Oh ! si en assistant au saint sacrifice de la Messe, qui est la représentation de celui de la croix et qui en contient tout le prix infini, nous avions les mêmes dispositions que la Mère de Jésus et les Saintes Maries, il ne faudrait pas d'autre pratique de piété pour nous combler de grâces et de mérites et pour assurer l'affaire si importante de notre salut. Aussi l'Église, comme une mère tendre et sage, qui connaît les grands avantages renfermés dans l'assistance à la sainte Messe, fait-elle un devoir à tous ses enfants, sous peine de péché mortel, d'assister les jours de dimanches et de fêtes d'obligation à ce saint et auguste sacrifice.

Quand les Princes des Prêtres et les chefs de la nation juive se furent retirés, laissant aux bourreaux le soin de veiller sur leurs victimes, la Mère de Jésus, les Saintes Maries et les autres saintes femmes s'avancèrent jusqu'au pied de la Croix. La nuit étendait déjà ses voiles sur la nature qu'elles étaient encore là. On ne voyait plus sur la sainte montagne que ces pieuses femmes et les trois croix qui s'élevaient sanglantes dans les airs. Quand Joseph d'Arimathie et Nicodème descendirent le corps glacé de Jésus, elles remarquèrent le lieu de sa sépulture. Ensuite Salomé retourna à Jérusalem, accompagnant la Sainte Vierge, *qu'elle conduisit dans sa maison, parce qu'elle avait été donnée pour Mère à son fils.* Marie Jacobé et Marie Magdeleine s'assirent sur la pierre qui fermait l'entrée du sépulcre et répandirent un torrent de larmes. En ce jour s'accomplit la parole du pro-

phète Zacharie : « Ils pleureront avec des larmes
et des soupirs comme on pleure un fils unique ;
ils seront pénétrés de douleur comme à la mort
d'un fils aîné ; en ce temps il y aura un grand
deuil dans Jérusalem. La terre sera dans l'afflic-
tion ; les familles séparément verseront des larmes, la famille de David à part et leurs femmes à
part. »

CHAPITRE IV

Les Saintes Maries au sépulcre

C'était une heure bien avancée dans la nuit,
lorsque Marie Jacobé, Marie Magdeleine et leurs
compagnes rentrèrent à Jérusalem, et se rendirent
dans la maison de saint Jean pour compatir à la
douleur et à la désolation de la Mère de Jésus.
Leur amour pour Jésus-Christ ne leur donna
point de repos pendant cette nuit de tristesse et
le jour qui suivit. Le soin d'embaumer les corps,
chez les Juifs, était réservé aux femmes. Les cir-
constances, cette fois, avaient obligé de le confier
aux hommes. Mais les Saintes Maries et Marie
Magdeleine se promettaient bien d'y revenir et
de donner la perfection à un travail qui, d'après

elles, avait été fait un peu à la hâte. Résolution sublime, empreinte du plus beau dévouement, que l'Église comble de louanges dans l'oraison de la fête de ces saintes femmes, dont la pointure a pris soin de garder le souvenir, en ne les représentant jamais qu'avec leurs vases de parfum ; résolution que Jésus-Christ lui-même a récompensée de la manière la plus magnifique, et à laquelle on peut appliquer l'éloge qu'il fit de l'action de Magdeleine : Partout où cet Évangile sera annoncé, on publiera à la louange de ces saintes femmes ce qu'elles ont fait pour Jésus-Christ ; j'ajoute encore : et ce que Jésus-Christ a fait pour elles.

Les Saintes Maries et Marie Magdeleine gardèrent le repos du Sabbat, selon l'ordonnance de la loi. Mais, sur le soir, elles sortirent dans la ville, achetèrent des parfums et les préparèrent pendant toute la nuit. Le lendemain, avant l'aurore, elles sortirent de Jérusalem avec leurs urnes pleines d'aromates et arrivèrent au sépulcre avant le lever du soleil. La pierre qui était à l'entrée leur paraissait un grand obstacle ; mais elles la trouvèrent renversée et le sépulcre ouvert. Surprises, elles entrent pour embaumer le corps de Jésus, qu'elles y cherchent en vain. Elles en sortirent immédiatement dans une grande consternation, croyant qu'on avait enlevé le corps du Sauveur, lorsque deux hommes parurent auprès d'elles avec des robes brillantes. Saisies de frayeur, elles baissaient les yeux vers la terre, lorsqu'un Ange, prenant la parole, leur dit : « Pour vous, n'ayez point de peur, car je sais que vous cherchez Jésus de Nazareth, qui a été crucifié. Comment cherchez-vous parmi les morts celui qui est vivant ? Il n'est point ici, car il est ressuscité comme il l'a dit ; venez et voyez l'endroit où l'on avait mis le Seigneur. Allez promptement dire à ses disciples et à Pierre qu'il est ressuscité. » Saisies de crainte et transportées de joie, *cum timore et gaudio magno,* les Saintes Maries sortirent du sépulcre et coururent annoncer cette nouvelle aux disciples, gardant le silence tant elles étaient effrayées, mais cette frayeur fut bientôt calmée et leur joie fut portée à son comble, lorsque tout à coup Jésus se présenta à elles, resplendissant de gloire, et leur dit : Je vous salue : *ave te.* Elles s'approchèrent, et, lui embrassant ses pieds, elles l'adorèrent. Alors Jésus leur dit : « Ne craignez point : allez, dites à mes frères qu'ils se rendent en Galilée, où ils me verront. »

O Jésus ! que vous êtes bon à ceux qui vous servent ; que vous connaissez bien nos maux et que vous savez efficacement porter le remède. Dites-moi souvent cette grande parole : « Je vous salue, ne craignez pas. » Dites-la moi quand, me disposant à vous recevoir dans votre sacrement d'amour, le démon me remplit de crainte ; dites-la moi quand la pensée de vos jugements épouvante mon âme ; dites-la moi aux approches de la mort, à mon entrée dans l'Éternité, et je me jetterai à vos pieds, je les embrasserai et je ne les *quitterai plus.*

Les Saintes Maries vont accomplir cette noble mission auprès des disciples, et commencent en ce jour d'être la consolation de l'Eglise affligée, exerçant le ministère apostolique qu'elles rempliront un jour dans notre Provence; car elles sont aujourd'hui établies par Jésus-Christ, les Apôtres des Apôtres, comme elles seront les premières envoyées par lui auprès de nos pères.

CHAPITRE V

Les Saintes Maries après la Résurrection.

Les Saintes Maries se rendirent en Galilée, sur la montagne que l'Ange leur avait désignée, et elles eurent la consolation de voir pour la seconde fois le Seigneur. Cette apparition fut une des plus considérables entre celles dont Jésus-Christ favorisa successivement ses Apôtres après sa Résurrection. De retour à Jérusalem, il les visita pour la dernière fois; et, après leur avoir ordonné de ne point sortir de la ville jusqu'à ce qu'ils fussent revêtus de la force d'en haut, il les conduisit du côté de Béthanie, à un certain endroit du mont des Oliviers, et ayant levé les mains, il les bénit, se sépara d'eux, et monta au Ciel à leurs yeux pour s'y asseoir à la droite de son Père. Les Saintes Maries reçurent cette bénédiction de Jésus-Christ, qui fut pour elles, comme pour les Apôtres, son dernier adieu et le gage de la récompense qu'il leur destinait dans son royaume.

Après l'Ascension de Jésus-Christ, les Apôtres et les disciples, avec la Très-Sainte Vierge, les Saintes Maries et les autres saintes femmes, retournèrent à Jérusalem et se renfermèrent dans le cénacle pour y attendre, dans le silence et la prière, l'accomplissement des promesses du Fils de Dieu : *Hi omnes erant perseverantes unanimiter in oratione, cum mulieribus, et Maria matre Jesus, et fratribus ejus.* C'est la dernière fois qu'il est fait mention d'elles et de la mère de Jésus dans les saints Livres. Le jour de la Pentecôte, et le moment que le Ciel avait marqué étant arrivé, un bruit semblable à celui d'un vent impétueux fit retentir toute la maison où ils faisaient leur demeure; ils virent paraître en même temps comme des langues de feu qui se partagèrent et s'arrêtèrent sur chacun de ceux qui composaient cette sainte assemblée, et aussitôt ils furent remplis du Saint-Esprit.

Alors les Apôtres, comme des hommes nouveaux, sortirent du cénacle pleins de lumière, de courage et de force, et commencèrent à prêcher dans les rues et sur les places publiques de Jéru-

salem. Saint Jean, qui avait en la gloire d'être
chargé du soin de la Très-Sainte Vierge, la prit
chez lui et pourvut avec tout le zèle possible aux
besoins de cette tendre mère ; Marie Jacobé demeura avec son fils, saint Jacques le Mineur, évêque de Jérusalem, et Salomé ne quitta point ses
deux fils, saint Jacques le Majeur et saint Jean
l'Évangéliste. Les Saintes Maries, avec Sainte Magdeleine et la mère de Jésus, rendaient tous les
jours des actions de grâce pour les bénédictions
que Dieu accordait aux prédications des Apôtres ;
mais ces heureux succès furent bientôt suivis de
violentes persécutions, comme nous allons le voir
dans le chapitre suivant.

CHAPITRE VI

Les Saintes Maries exilées par la Foi

La douceur que les Saintes Maries goûtaient en
la compagnie de leur divine parente fut bientôt
changée en amertume par les persécutions violentes que les Juifs incrédules suscitèrent contre
les nouveaux chrétiens. Saul, dont il est dit aux
actes des Apôtres qu'il ravageait l'Église, et qu'en-
trant dans les maisons, il en tirait par force les

hommes et les femmes, et les faisait emprisonner, excita la première tempête. Dans cette persécution, saint Étienne fut lapidé, et tous les fidèles, excepté les Apôtres, furent dispersés dans la Judée et la Samarie. Une seconde persécution coûta la vie à saint Jacques le Majeur. Les Saintes Maries ne tardèrent pas à ressentir les rigueurs de la fureur des Juifs : elles furent arrêtées avec Marie Magdeleine; Marthe, sa sœur; Lazare, leur frère; Maximin, ami de Lazare ; deux servantes, Marcelle et Sara ; Sidoine, l'aveugle de Jéricho, et quelques autres. Les Juifs n'osèrent faire mourir ces illustres captifs, soit parce que plusieurs parmi eux avaient de puissants protecteurs, soit parce qu'ils appréhendaient que beaucoup de citoyens ne se convertissent à la foi, en voyant leur constance à souffrir les tourments et la mort pour Jésus-Christ, et ils prirent le parti de s'en défaire secrètement en les faisant monter sur une vieille barque, sans rames, sans gouvernail et sans provisions, les abandonnant en pleine mer à la merci des vents et des flots, persuadés qu'ils périraient bientôt par le naufrage ou par la faim. C'est ainsi qu'ils secondaient, sans le savoir, les desseins de Dieu, qui avait en vue la conversion des Gentils dans la Provence et dans les autres parties des Gaules.

En effet, le Seigneur, qui est proche de ceux qui l'invoquent, et à qui les vents et la mer obéissent, sut bien garantir du naufrage et de tout autre péril une troupe qui lui était si chère, et se fit le conducteur et le pilote de la barque en la faisant aborder heureusement à l'île de la Camargue, sur une plage déserte, éloignée du commerce des hommes. C'était le lieu qu'il destinait aux Saintes Maries, pour se les unir plus intimement par la prière et la contemplation. Il les favorisait ainsi de cette meilleure part que Magdeleine avait choisie, à laquelle il réservait plus tard le rocher de la Sainte-Baume, pour l'y faire vivre trente ans dans une profonde solitude, et l'associer sept fois le jour aux concerts des Anges.

Les saintes femmes et les disciples remercièrent Dieu d'une protection aussi miraculeuse, et, pour lui témoigner davantage leur reconnaissance, Magdeleine, Marthe et les Saintes Maries élevèrent un autel avec de la terre préparée à cet effet, sur lequel les disciples célébrèrent les saints Mystères. Ils se dispersèrent ensuite dans les pays voisins pour y exercer leur apostolat. Saint Lazare vint à Marseille et saint-Maximin à Aix. Sainte Magdeleine suivit son frère à Marseille, passa ensuite quelque temps à Aix auprès de saint Maximin, et se fixa enfin à la Sainte-Baume, où elle vécut trente ans dans la pénitence et dans les larmes. Sainte Marthe s'arrêta sur les bords du Rhône et devint l'apôtre de Tarascon. Pour les Saintes Maries, elles demeurèrent sur la plage, non loin du lieu où la barque avait abordé; et Dieu, pour témoigner qu'il approuvait leur résolution, fit jaillir pour leur usage une source d'eau douce dans un lieu où l'on ne trouvait auparavant que de l'eau salée.

CHAPITRE VII

Parallèle des Saintes Maries avec Marie-Magdeleine. Leur séjour dans le désert de la Camargue.

La tradition qui nous apprend l'arrivée des Saintes Maries en Provence garde le plus profond silence sur le temps qu'elles ont passé dans ce désert, sur leur genre de vie, sur l'année même et le jour de leur mort. Elles ont cela de commun avec la Mère de Jésus-Christ, leur parente, dont après l'Ascension il n'est plus parlé dans les divines Écritures, et les plus savants historiens ne s'accordent pas sur le nombre d'années qu'elle a survécu à son divin Fils.

Ici je crois devoir faire, avec les Saintes Maries et Marie-Magdeleine, un rapprochement qui, sans diminuer la gloire de l'amante du Sauveur, fera ressortir celle des Saintes Maries, nos illustres patronnes.

Les Évangélistes parlent des Saintes Maries dès les premières années de la prédication de Jésus; ils ne font mention de sainte Magdeleine que lorsqu'elle vint trouver Jésus dans la maison de Simon, qu'elle arrosa ses pieds de ses larmes et les essuya de ses cheveux, et entendit de sa bouche ces consolantes paroles : Beaucoup de péchés lui sont remis parce qu'elle a beaucoup aimé. Depuis ce pardon absolu, sainte Magdeleine est toujours nommée la première, mais après elle les Saintes Maries ont le premier rang. Auprès de la croix, nous dit saint Jean, était sa mère, Marie-Magdeleine, Marie Jacobé, la sœur de sa mère et Salomé. Le troisième jour après la mort de Jésus, sainte Magdeleine vint au tombeau, de bon matin, après le lever du soleil, mais elle était accompagnée des Saintes Maries. Jésus ressuscité apparaît le premier à sainte Marie-Magdeleine; mais, peu de temps après, il se présente aux Saintes Maries et leur permet d'embrasser ses pieds. Pendant sa vie mortelle, Jésus avait déclaré solennellement que Marie-Magdeleine avait choisi la meilleure part. Pourrions-nous croire qu'il en privera les Saintes Maries ? Il préparera à Marie-Magdeleine et aux Saintes Maries un lieu choisi dans la Provence pour les faire jouir de cette part meilleure qui est la contemplation. Pour Marie Magdeleine, il la conduit dans une demeure bâtie de sa main et non de la main des hommes, et pour témoigner qu'il avait choisi lui-même cette demeure, c'est par le ministère de ses anges qu'il l'introduit. Notre-Seigneur avait choisi de même pour les Saintes. Maries une solitude non moins profonde que la forêt de la Sainte-Baume : c'est le désert de la Camargue, près de Saint-Trophime, premier apôtre d'Arles, qu'il leur avait donné pour protecteur. Pendant le cours de ses prédications, le cœur de Notre Seigneur avait été touché de compassion sur la foule qui l'avait suivi dans le désert, il ne pouvait se résoudre à les renvoyer sans nourriture ; de même, en quittant le désert de ce monde, dans lequel il laissait pour un temps sa mère et les saintes femmes, il donne à chacune un protecteur : à sa mère, son apôtre bien-aimé ; à sainte Magdeleine, saint Maximin ; aux Saintes Maries, saint Trophime.

Point de lieu plus propre à la contemplation, au recueillement, que ce désert, dont le silence éternel n'est interrompu que par le mugissement des tempêtes et le bruit des vagues de la mer. L'aspect de ce lieu rappelle l'état de la terre dans la description que nous en fait la Genèse. Au second jour de la création, avant que Dieu, y lisons-nous, eût créé les arbres chargés de fruits, la verdure des champs, le gazon des fleurs, les eaux étaient confondues avec le continent. De même, à l'extrémité de cette île, point de plantes végétales, point d'arbres qui mettent à l'abri des ardeurs du soleil ; l'œil n'aperçoit que du sable et l'étendue de la Méditerranée, également sans horizon. Solitude affreuse, mais infiniment préférable aux campagnes les plus fertiles et au séjour des plus riches cités. Le jour de la fête des Saintes Maries, elle est couverte de nombreux pèlerins, qui donnent à ce lieu l'aspect d'une ville populeuse. Alors, selon l'expression du prophète, cette solitude fleurit comme un lys et se couvre de végétation comme les champs les plus cultivés, et l'on y goûte un bonheur inconnu dans nos grandes villes ; c'est que l'on se dit : sur ce sable brûlant, les Saintes Maries ont imprimé la trace de leurs pas ; elles y ont laissé l'empreinte plus précieuse encore de leurs mérites et de leurs grâces ; sur cette terre, le Ciel fait éclater ses merveilles, et depuis dix-huit siècles les générations viennent implorer leur bonté et leur protection.

Un prodige vient souvent se manifester sur cette plage miraculeuse. La Méditerranée qui s'avance sur le continent y a creusé des étangs, qui, par leur étendue, ressemblent à de nouvelles mers ; quelquefois elle déborde si avant sur les terres qu'elle semble vouloir envahir même la petite ville des Saintes-Maries, gardienne des reliques. Dans ce péril extrême, la foi des habitants en leurs grandes patronnes se réveille tout entière ; ils invoquent avec ardeur leur secours ; alors le ministre du Seigneur, revêtu des ornements sacrés, précédé du signe de notre salut et portant entre ses mains les saintes Reliques, s'avance au-devant de la tempête. A leur aspect, les flots menaçants reculent insensiblement ; ils rentrent dans la mer avec la même soumission qu'il y a dix-huit siècles, lorsque, portant la barque des Saintes Maries, respectueux et domptés, ils la déposaient paisiblement sur le même rivage.

Dans la grotte de Marie-Magdeleine, Dieu fit couler de la voûte une eau miraculeuse ; par un prodige non moins surprenant, sur la plage des Saintes-Maries, il fit sortir pour leur usage une source d'eau dans un lieu situé au bord de la mer, où il n'y avait autrefois que de l'eau salée.

Quelle était donc l'occupation des Saintes Maries dans le désert de la Camargue ? Elles s'appliquaient à la contemplation et à la prière ; elles attiraient les bénédictions du Ciel sur les travaux apostoliques de leurs enfants qu'elles avaient laissés dans l'Orient, et elles adoptaient à leur place les rares habitants de leur île qui s'occupaient à la pêche. Car la vue de la source d'eau douce et leur traversée miraculeuse firent comprendre à ces hommes qu'il ne fallait pas confondre ces deux étrangères avec ces malheureux naufragés que la fureur des tempêtes jetaient quelquefois impitoyablement sur ces côtes ; ces deux miracles étaient comme une lettre de créance de la vérité de leur doctrine ; ils se soumirent à l'enseignement de la foi et ils reçurent le baptême. Saint Trophime visitait, dans leur désert, les Saintes Maries jusqu'à leur sainte mort, qui arriva comme nous allons le rapporter.

CHAPITRE VIII

Mort des Saintes Maries. Origine du Pèlerinage et de l'église élevée sur leurs reliques

Dieu voulut enfin terminer l'exil de ses fidèles servantes et se les unir à lui pour toujours dans le séjour de la gloire.

Il avertit d'abord Marie Jacobé de sa fin prochaine. Saint Trophime, informé de la volonté de Dieu à son égard, la visita pour la dernière fois. Il offrit le saint sacrifice pour lui procurer avant sa mort la consolation de participer à la divine Eucharistie. Elle la reçut avec la foi la plus vive et la piété la plus tendre. Entourée des chrétiens qu'elle avait convertis, et qui fondaient en larmes dans la pensée de perdre leur mère dans la foi, elle les consola de sa mort prochaine, les exhorta à conserver fidèlement la grâce qu'ils avaient reçue et leur promit sa constante protection auprès de Dieu. Elle fit ensuite ses adieux à Salomé, l'assurant que leur séparation ne serait pas de longue durée, et s'endormit dans la paix du Seigneur. Son corps fut enseveli, avec tout le respect qui lui était dû, auprès de la fontaine miraculeuse et de l'oratoire, où les nouveaux fidèles avaient coutume de prier.

Salomé, restée seule, n'avait plus de pensées et d'affections que pour le Ciel. Elle ne survécut pas longtemps à sa sœur Jacobé. Au bout de quelques mois, Dieu vint l'avertir qu'elle allait lui être réunie dans le séjour de la gloire. Sa mort fut accompagnée des mêmes honneurs et des mêmes regrets que celle de Marie Jacobé. Elle fut ensevelie auprès d'elle. Ainsi cette terre qu'elles avaient choisie pour leur demeure, elles l'ont désirée pour leur sépulture ; rien, soit pendant leur vie, soit après leur mort, n'a pu les détacher de ce rivage qu'elles aimaient ; elles y ont vécu, leurs cendres y reposent, et du haut du Ciel elles y répandent leurs grâces et leurs bienfaits. Sara suivit bientôt au tombeau ses saintes maîtresses : son corps fut inhumé auprès d'elles et de la fontaine miraculeuse. Comme son culte est inséparable de celui des grandes Saintes, elle a, dans leur église, la crypte avec un autel qui lui est dédié ; et les jours de fête, la voûte retentit des chants pieux en son honneur et en celui des Saintes Maries.

Le tombeau du Sauveur excepté, celui de sainte Magdeleine et de quelques Apôtres, il n'y a pas de tombeau digne d'une plus grande vénération que celui des saintes Maries ; on éprouve, en le visitant, les mêmes impressions que lorsque, après avoir franchi le bois escarpé de sainte Magdeleine, on entre heureux et haletant dans sa grotte, et que l'on se dit: Ici, pendant trente ans, cette grande Sainte a lavé par les larmes des fautes dont elle avait reçu le pardon de la bouche de la vérité même, et l'âme se sent embaumée du parfum des vertus qu'elle y a pratiquées; de même aux Saintes-Maries, on oublie en un instant les fatigues d'un long voyage, quand on entre dans ce sanctuaire et que l'on se dit : Ici deux grandes Saintes ont vécu dans l'exercice de la pénitence; mais, par un privilége qui n'existe pas à la Sainte-Baume, elles ont terminé ici par une sainte mort une vie pleine de vertus et de mérites, et leurs ossements y reposent, et il en sort une vertu cachée et même des miracles, pour le soulagement des corps et pour la vie des âmes.

Après la mort de Marie Jacobé et de Marie Salomé, les fidèles n'oublièrent pas celles qui les avaient convertis à la foi. Ils persévérèrent dans la pieuse habitude de prier dans l'oratoire élevé près de leurs reliques, et, dans leurs nécessités privées ou publiques, ils leur adressèrent leurs demandes avec une vivacité et une simplicité de foi que Dieu récompensa souvent par des miracles. Ce fut l'origine du pèlerinage des populations voisines qui s'est perpétué jusqu'à nos jours. Pour favoriser cette dévotion, un prince. dont l'histoire ne nous a pas conservé le nom, fit construire au-dessus de leur tombeau une église, en forme de citadelle, qui servait d'asile aux habitants de cette île et les mettait en état de repousser les attaques des barbares, qui quelquefois faisaient des descentes sur ces côtes. Il fit même bâtir, autour, des habitations pour leur usage, et l'église se trouva ainsi assise au milieu d'une petite ville qui prit le nom de Saintes-Maries ou Notre-Dame-de-la-Mer, et qui aujourd'hui, par ellipse, s'appelle les Saintes.

L'église d'Arles célèbre la fête de sainte Marie Jacobé le 25 mai et celle de Marie Salomé le 22 octobre.

CHAPITRE IX

Invention des reliques. Confrérie des Saintes Maries

La terre n'était pas digne de posséder les reliques de la Très-Sainte Vierge. Son corps virginal ne devait pas éprouver la corruption du tombeau. Elle a été élevée en corps et en âme dans le Ciel, séjour de la pureté et de l'innocence, à la droite de son Fils, pour arrêter son bras levé souvent contre nous et prêt à frapper nos têtes coupables. Cependant, pour consoler la terre d'une privation si sensible, Jésus-Christ lui a laissé des reliques de sa famille, celles de ses tantes bien-aimées, et c'est la Provence qu'il a enrichie de ce précieux trésor. Il forme une garde vigilante auprès de ces

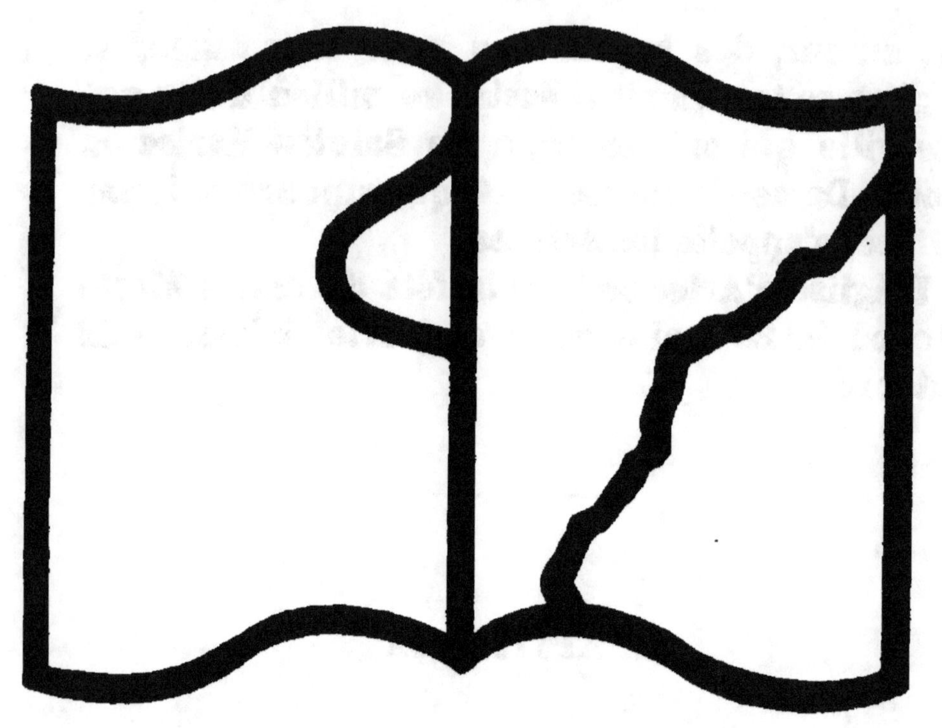

Texte détérioré — reliure défectueuse
NF Z 43-120-11

VALABLE POUR TOUT OU PARTIE DU
DOCUMENT REPRODUIT

ossements sacrés, selon la parole du prophète royal : aucun d'eux ne sera brisé ou dispersé. *Custodit Dominus omnia ossa eorum : unum ex his non conteretur.*

Ces reliques demeurèrent cachées jusqu'à ce qu'il plût à Dieu de susciter un prince qui en fît la découverte en 1448. Ce fut René d'Anjou, roi de Sicile et de Jérusalem, comte de Provence, à qui cet honneur était réservé. Dans un discours prononcé à Aix en sa présence, l'orateur représenta la Provence comme enrichie des dépouilles de la Terre Sainte, et en particulier de celles des Saintes Maries. Ce fut pour le pieux monarque comme l'inspiration du Ciel. Il se sentit touché d'une grande dévotion pour leurs reliques et voulut savoir où elles reposaient. Il fit le pèlerinage de Notre-Dame-de-la-Mer, et écrivit au pape Nicolas V pour lui demander l'autorisation de faire les recherches nécessaires. Par son ordre, les fouilles commencèrent immédiatement dans la chapelle des Saintes, l'oratoire primitif, où l'on ne trouva d'abord qu'un canal d'eau douce, tirant sa source de la fontaine miraculeuse. On découvrit ensuite, du côté de l'Evangile, un corps humain, les pieds étendus sous l'autel, les mains croisées sur la poitrine, d'où il se répandit une odeur merveilleuse qui remplit de joie tous les assistants et inspira une nouvelle ardeur aux ouvriers. On découvrit bientôt un autre corps, vis-à-vis du premier, dans une même position, et dont il s'exhala également une odeur agréable. Ainsi les restes des deux sœurs étaient retrouvés. Le roi rendit compte de tout au pape Nicolas V, qui désigna, pour la translation des reliques, le cardinal de Foix, légat d'Avignon, lequel fut assisté dans cette solennelle cérémonie par Robert Damien, archevêque d'Aix, et par douze évêques, quatre abbés et un grand nombre d'autres dignitaires ecclésiastiques. Il se rendit aux Saintes-Maries avec la Reine et une brillante cour; les ossements des deux Saintes furent placés dans deux châsses de bois de cyprès, et élevés solennellement dans la chapelle haute où elles reposent encore aujourd'hui.

L'invention de ces reliques fut pour toute la Provence l'occasion d'un accroissement de foi et de ferveur. Les grâces de tout genre se multiplièrent dans leur sanctuaire, et depuis ce temps la dévotion des peuples ne s'est pas ralentie pour venir les prier dans ce lieu privilégié entre beaucoup d'autres. Il semble que ce désert, placé à l'extrémité des terres, est plus rapproché du Ciel: on y respire le parfum des vertus qu'y ont pratiquées les Saintes Maries. C'est à regret qu'on s'éloigne de ces lieux bénis, tant Dieu y fait éclater sa puissance et les effets de sa miséricorde.

Cet abrégé me paraîtrait incompl
disais un mot de la confrérie d
érigée dans la paroisse en
ans avant la décou

alors des règlements, dont la plupart sont tombés en désuétude. Je ne cite que ceux que l'usage a fait adopter par une pratique constante qui se soutient avec beaucoup de dévotion et de ferveur.

On se prépare à la fête des Saintes Maries par une neuvaine, qui se trouve à la fin de ce petit livre. Quand on descend ou qu'on élève les saintes caisses, on doit dire dix *Pater*, dix *Ave*, ou les Antiennes, versets et répons qui se chantent dans cette cérémonie, et qu'on trouvera dans la même neuvaine. On purifie sa conscience par une bonne confession, afin de se mettre en état de communier le jour de leur fête et de gagner l'indulgence plénière qui y est attachée ; on dit tous les jours l'Antienne appelée vulgairement le *Salve* des Saintes Maries, ou deux fois l'oraison dominicale et deux fois la salutation angélique. Enfin on est fidèle à payer la modeste cotisation dont on a pris l'engagement et qui sert au culte des Saintes Maries, que Jésus-Christ lui-même honore et glorifie, comme on le verra dans le chapitre suivant.

CHAPITRE X

De l'honneur que Jésus-Christ rend aux Saintes Maries

Après sa résurrection, Jésus-Christ ne s'est pas contenté de récompenser par une première apparition la piété des saintes femmes qui visitèrent son sépulcre; l'honneur qu'elles ont accordé à sa sépulture, il le leur rend par la gloire dont il entoure leurs reliques.

C'est en vain que ces saintes femmes, fuyant les regards des hommes, se sont retirées dans des solitudes profondes; c'est en vain que les Saintes Maries ont fixé leur demeure sur une plage déserte, où règne un silence éternel; en vain que sainte Magdeleine se sera retirée dans le creux d'un rocher défendu par une épaisse forêt: ni l'horreur des solitudes, ni la profondeur des bois, ne seront un obstacle à l'honneur que Jésus-Christ veut rendre à ces femmes privilégiées. Il appellera les populations dans ces lieux sanctifiés par les prières et les larmes de ses fidèles servantes. La piété des fidèles traversera la vaste étendue des déserts pour aller vénérer les Saintes Maries dans leurs sanctuaires; elle pénètrera dans cette grotte solitaire, témoin secret des larmes de sainte Magdeleine, et où cette illustre pénitente n'est parvenue que sur les ailes des Anges.

A cette manifestation solennelle de la foi des peuples, Jésus-Christ a ajouté la majesté des monuments qui renferment leurs reliques. Trois des plus beaux édifices du midi de la France ont été élevés en l'honneur des trois femmes qui ont abordé dans la Provence. L'église de Saint-Maximin est sans contredit la plus belle de nos contrées. Elle renferme le tombeau de sainte Magdeleine, et garde comme son plus riche trésor sa tête, belle encore, malgré les ravages de la mort et du temps, et sur le front de laquelle on voyait encore, il y a quelques années, l'empreinte des doigts du Sauveur, comme un cachet anticipé d'incorruptibilité. Cette superbe basilique a coûté deux siècles et demi de travaux. Son architecture, profondément empreinte de l'inspiration chrétienne, peut être appelée une sublime épopée de pierres en l'honneur de Marie-Magdeleine, et redit, dans un langage mystérieux, les ravissements et les merveilles de sa vie. C'est aussi un hymne d'amour qui atteste, à travers les siècles, la puissance de la foi de nos pères, et proclame hautement combien fut grande la piété de nos rois envers cette illustre pénitente.

L'église de Sainte-Marthe, sa sœur, à Tarascon, est digne d'éloges. Elle date du XIIe siècle. Sous le portail roman, le ciseau d'un artiste inconnu avait représenté l'apostolat de la Sainte. Ses trois nefs sont ogivales, et celle du milieu est remarquable par l'élégance de sa coupe et la hardiesse de ses piliers. L'ensemble de ce monument est un chef-d'œuvre d'architecture digne de recouvrir le tombeau de la sainte hôtesse de Jésus-Christ et un témoignage non équivoque de la piété des habitants de Tarascon pour leur premier apôtre et leur glorieuse patronne.

La basilique des Saintes-Maries n'a pas les vastes proportions et l'élégance de ses deux sœurs, parce que la fin et l'époque de sa construction exigeaient des formes et une architecture différentes. Mais une observation digne de remarque est que les dépenses considérables qu'elle a occasionnées dans un désert, privé de tous les éléments de construction, sont un témoignage éclatant de la piété de nos rois, de la vivacité et de la générosité de leur foi envers les Saintes Maries. Présentant l'aspect d'une forteresse, cette église est défendue par des meurtrières qui règnent tout autour. Elle était destinée à servir de refuge contre les ravages des pirates. Aujourd'hui, elle est devenue le paisible refuge des âmes.

Ce qui, dans ce monument, attire l'attention des pèlerins et devient l'objet de leur première visite, est la chapelle haute où reposent les corps des Saintes Maries. Les *ex-voto* qui en couvrent les murs, et dont le nombre augmente de jour en jour, sont une preuve sensible que Dieu continue d'exaucer les prières de ceux qui les invoquent avec confiance. On ne peut se défendre d'un sentiment de foi et de dévotion pour ces grandes Saintes, en voyant l'empressement des fidèles à vénérer les caisses qui renferment leurs saintes reliques et à y faire toucher toute sorte d'objets de dévotion, comme si la bénédiction conférée par les prières de l'Eglise aux chapelets et aux médailles était insuffisante, s'ils n'avaient celle qu'ils semblent recevoir par l'attouchement et le contact des saintes châsses.

Heureuse contrée de la Provence ! Volontiers, en finissant ce petit écrit, je publierai à ta louange ce qu'a dit de toi, à la tête de son livre, le savant auteur de l'histoire récente des Saintes Maries : « *Il est des rivages favorisés du Ciel, et il y a une prédestination pour les terres comme pour les âmes.* » Riche des biens terrestres, tu renfermes encore dans ton sein des trésors de grâces et de bénédictions célestes. Sur ton sol, Dieu fait éclater ses merveilles. Sois donc noblement fière de ses dons et de ses bienfaits, mais montre-toi digne du choix divin par la vivacité de ta foi et par ta dévotion pour les Saintes Maries !

LITANIÆ
Sanctarum Mariæ Jacobi et Mariæ Salome

Kyrie, eleison... Christe, eleison... Kyrie, eleison...
Christe, audi nos. Christe, exaudi nos.
Pater de coelis, miserere nobis.
Fili, Redemptor mundi, Deus...
Spiritus Sancte, Deus...
Sancta Trinitas unus Deus....
Sancta Maria, mater Jesu immaculata, ora pro nobis.
Sanctæ Mariæ, matres aliquorum apostolorum Jesu.
Sanctæ Mariæ, quæ Salvatori Jesu in terrâ ministrastis.
Sanctæ Mariæ, quæ Crucem bajulanti Jesu adhæsistis.
Sanctæ Mariæ, quæ stantis juxtâ Crucem Matris Jesu misertæ
   fuistis.
Sanctæ Mariæ, quæ ad ungendum corpus Jesu aromata tulistis.
Sanctæ Mariæ, quæ Resurrectionem Jesu ab angelo didicistis.
Sanctæ Mariæ, quæ redivivum Jesum primæ annuntiastis.
Sanctæ Mariæ, quæ pro fide persecutionem tolerastis.
Sanctæ Mariæ, quæ maris pericula divinitùs superastis.
Sanctæ Mariæ, quæ prædicatione et exemplo fidem Jesu diffu-
   distis.
Sanctæ Mariæ, quæ horâ mortis, lampadibus accensis, venienti
   Jesu obviam exiistis.
Sanctæ Mariæ, portus salutis navigantium.
Sanctæ Mariæ, afflictorum solatium.
Sanctæ Mariæ, periclitantium salus.
Sanctæ Mariæ, auxilium morientium.
Propitius esto, parce nobis, Domine.

Propitius esto, exaudi nos, Domine.

Per intercessionem sanctarum Mariæ Jacobi et Mariæ Salome,
   exaudi nos, Domine.

Ab omni peccato, libera nos, Domine.

A maris tempestate et illuvie, libera, etc.

A rabiei morbo, libera, etc.

A peste, fame et bello, libera, etc.

A quâvis contagii lue, libera, etc.

A morte perpetuâ, libera, etc.

Fili Dei, libera, etc.

Agnus Dei, qui tollis peccata mundi, parce nobis, Domine.

Agnus Dei, qui tollis peccata mundi, exaudi nos Domine.

Agnus Dei, qui tollis peccata mundi, miserere nobis.

Christe, audi nos. Christe, exaudi nos.

Oremus

Da nobis, Domine Jesu-Christe, Sanctarum Mariæ Jacobi et
Mariæ Salome patrociniis adjuvari, quæ tibi tam viventi quam
mortuo studuerunt devotis obsequiis famulari. Qui vivis et...

LI SANTO

PAR UN PÉLÉRIN

Santi Mario! ah! lou beu noum!
Sias de David enco jitèlo!
Qu'és beu e grand voste renoum!
Sias de divino parentèlo,

Es l'Evangile que l'escrieu :
 L'immaculado Vierge-Maire
Es vosto sorre, e l'Ome-Diéu,
 Voste nebout, noste Sauvaire.

Quand Noste-Seigne, Rei di rei,
 Vous a chausido per si tanto,
Es que d'avanço li prevei
 Vosti merite, belli Santo.
Lou sabié ben per li malaut
 Que sarias pleno de tendresso,
Que garirias touti li mau,
 Qu'adoucirias touto amaresso.

Servès Jésus jusqu'à la fin,
 L'accoumpagnas jusqu'au Calvari ;
Vous empressas de grand matin
 Per l'embauma dins soun susari.
Vous li proumièro l'avès vist
 Ressuscita tout plen de glori ;
Avès precha per tout païs
 Sa lei divino et sa vitori.

Santi Mario, noun jamai
 Vous rendren glori noste abounde :
Vosti benfa, grand mai que mai,
 S'espandissoun dins tout lou mounde.
Avuglo, infirmo, sourd, febrous,
 Mourdu per de bestio en furio,
Touto meno de malandrous,
 Li garissé, Santi Mario.

Ah ! que soun grand, vosti poudé !
Ah ! que soun riche, vosti douno !
Se n'en farié de bèu coublet
 A voste ounour, santi Patrouno ;
Di pauri maire en mau d'enfant
 Alaujas forço li soufranço,
Vous preguon pas jamai en van :
 l'outenés bono délivranço.

O Santo ! flour de Paradis !
 Bellis estello clarinello,
Moudèle bèu, mirau requist
 Dis espouso e di vierginello,

. Fasès nous segui li clarour
De vosti piado benesido,
E qu'eme vous aguen un jour
Li celestis entrelusido.

UN CANTICO DI SANTO

ADOUBA ET PUBLICA

PER UN MANDIEULEN

I Grandi Santo. Er : *O Grandes Saintes Maries !*

Ver la mar que nous encanto,
    Grandi Santo,
Adusès nosti secour ;
Patrouno di travaiaire,
    De tout caire,
Vous carrejan nost'amour (*bis*).

Noun jamai lou paure oublido
    De sa vido
Qu'escoutas ço que vous dis ;
Coume un rasin sus' sa souco,
    Dins sa bouco,
Voste bèu noun s'espandis.

La mar que vous poutounejo
    Douno envejo
De vous reveire souven,
Car dessus son aigo amaro
    Semblo encaro
Que vosto barco reven.

Vosti mantèu fan la vèlo ;
    Que sias bello
Drecho sur voste radèu !
Lou vent d'en-bas vous descargo
    En Camargo.
Ben liuen de vosti bourrèu.

Pourtas à nosto Prouvenço
    Li crèsenço
Dòu Diéu que prècho la pas;
Lou Rose, que vous espéro
    Sus si terro,
Vous reçaup entre si bras.

De l'en-aut de vosti tourre
    Vesès courre
Tout lou Miejour catouli :
Es la vièio fé de Franço
    Que s'avanço
Vers lou brès ounte a spelí.

Eisouças la pauro mairo
    Que, pecaire !
Fai gemí tout soun amour.
Soun enfant es à la guerro
    E l'espero :
Ajudas à soun retour.

Aquéu bèu jouvènt que plouro
    E s'aubouro,
Un chin foui l'avie mourdu;
Vòu embrassa vosti caisso,
    Tout en raisso :
Sens vautri sarié perdu.

NEUVAINE

EN L'HONNEUR DES

SAINTES

MARIE JACOBÉ ET MARIE SALOMÉ

TROISIÈME ÉDITION

NEUVAINE

EN L'HONNEUR

DES SAINTES MARIE JACOBÉ ET MARIE SALOMÉ

QUI COMMENCE LE 24 MAI

PREMIER JOUR

Veni, creator Spiritus,
Mentes tuorum visita ;
Imple supernâ gratiâ,
Quæ tu creasti pectora.
   Qui Paracletus diceris,
Donum Dei altissimi,
Fons vivus, ignis, charitas,
Et spiritalis unctio ;
   Tu septiformis munere,
Dextræ Dei tu digitus,
Tu ritè promissum Patris.
Sermone ditans guttura.
   Accende lumen sensibus,
Infunde amorem cordibus,

Infirmâ nostri corporis
Virtute firmans perpetim.
   Hostem repellas longius,
Pacemque dones protinùs.
Ductore sic te prævio,
Vitemus omne noxium.
   Per te sciamus da Patrem,
Noscamus atque Filium ;
Te utriusque Spiritum,
Credamus omni tempore.
   Gloria Patri Domino,
Natoque, qui à mortuis
Surrexit, ac Paracleto,
In sæculorum sæcula. Amen.

v. Emitte Spiritum tuum et creabuntur.

R. Et renovabis faciem terræ.

OREMUS. Deus qui corda fidelium Sancti Spiri-
tûs illustratione docuisti, da nobis in eodem Spi-
ritu recta sapere et de ejus semper consolatione
gaudere. Per Christum Dominum nostrum. Amen.

Neuf *Pater, Ave, Gloria.*

MÉDITATION

FOI DES SAINTES MARIES

La foi est une persuasion ferme et constante des choses que nous espérons et une conviction certaine de celles que nous ne voyons pas. Celle des Saintes Maries fut vive et efficace. Elle les porta au renoncement héroïque de leurs biens, au détachement absolu de ce qu'elles avaient de plus cher. Elles abandonnèrent leurs époux, leurs enfants et leur patrie, pour se mettre à la suite de J.-C. Leur foi demeura inébranlable au milieu des épreuves et des humiliations qu'il souffrit pendant sa Passion. Notre Seigneur avait prié pour que la foi du premier de ses apôtres ne défaillît point; celle des Saintes Maries participa à cette illustre prérogative. Elles crurent, lorsque les autres apôtres l'abandonnèrent, selon la parole du prophète : Je frapperai le pasteur, et les brebis du troupeau seront dispersées. Aussi méritent-elles de recevoir de J.-C. la mission de leur apprendre sa résurrection, et d'être envoyées les premières, dans nos contrées, pour porter la foi à nos pères, et d'être honorées par la Provence comme ses mères dans la foi.

Donnez-nous, ô Saintes Maries ! la plus grande estime pour le trésor précieux de la foi ! Que nous la préférions à l'or et aux avantages de ce monde, puisque sans la foi il est impossible de plaire à Dieu. Conservez-nous ce bien que vous nous avez apporté au prix des plus grands sacrifices. Ne permettez pas que, par notre faute, nous perdions le don de la foi. Serions-nous venus à ces temps malheureux prédits par J.-C. et précurseurs du jugement dernier, lorsqu'il disait : « Pensez-vous qu'en venant le Fils de l'homme trouve de la foi sur la terre ? » Mais vous avez en vos mains, ô grandes Saintes ! des grâces plus grandes que nos crimes : vous avez un désir plus grand encore de nous les accorder. Dirigez donc l'Église au milieu de la tempête ; conservez-lui la foi, conservez-la à ses enfants ; conservez-la à votre terre chérie, à la Provence. Ainsi soit-il !

Hymne

Exultet Cœli Curia ! Lætetur hæc ecclesia ! Plaudat tellus Provinciæ, Deum collaudans hodiè !	Que la Cour céleste célèbre le triomphe des Saintes Maries ! Que cette église retentisse des chants d'allégresse. Provence, félicite-toi, fais éclater ta reconnaissance.
Maris sita confinio, Villa te effunde gaudio, Quæ Sanctarum Reliquiis, Dotaris et suffragiis.	Ville heureuse, sise sur les bords de la mer, livrez-vous à une joie sainte : vous possédez les précieux restes de vos illustres Patronnes.
Orto jam solis spiculo, Accensæ amore eximio, Ad sepulchrum dominicum, Unguentum ferunt mysticum.	A peine le soleil a-t-il éclairé la terre de ses premiers rayons, elles volent au tombeau de leur divin Maître pour embaumer son corps.

Que ces mères heureuses et leurs glorieux fils intercèdent pour nous au jour des vengeances et obtiennent que nous ayons part à leur bonheur.

Gloire à la Trinité adorable : au Père, principe de tout bien; au Fils, qui nous a rachetés; au Saint-Esprit, qui nous embrase du saint amour. Ainsi soit-il !

Sanctæ matres et filii,
Faxint ne simus reprobi,
Dies magna cum venerit,
Judexque summus aderit.

Sit laus Patri propitio,
Ejusque soli Filio.
Una cum Sancto Flamine,
Uno Dei sub nomine.
Amen !

Cantique de la Vierge

Magnificat anima mea Dominum ;

Et exultavit spiritus meus in Deo salutari meo ;

Quia respexit humilitatem ancillæ suæ : ecce enim ex hoc beatam me dicent omnes generationes.

Quia fecit mihi magna qui potens est, et sanctum nomen ejus.

Et misericordia ejus a progenie in progenies, timentibus eum.

Fecit potentiam in brachio suo ; dispersit superbos mente cordis sui.

Deposuit potentes de sede, et exaltavit humiles.

Esurientes implevit bonis, et divites dimisit inanes.

Suscepit Israel puerum suum, recordatus misericordiæ suæ.

Sicut locutus est ad patres nostros, Abraham et semini ejus in sæcula. Gloria.

Antienne. Je me lèverai, je chercherai le bien-aimé de mon âme. Je l'ai cherché d'abord sans le trouver ; mais enfin j'ai pu trouver mon bien-aimé. Je le possède ; je ne m'en séparerai jamais. *Cant. 3.*

Prions. Seigneur, Dieu tout-puissant, qui par une bonté ineffable avez enrichi l'église de Notre-Dame-de-la-Mer des précieux corps des Saintes Maries *Jacobé* et *Salomé*, nous vous supplions de nous accorder, par leurs mérites et leurs prières, vos grâces en ce monde et votre saint Paradis en l'autre. Ainsi soit-il.

LITANIES

DES SAINTES MARIE JACOBÉ ET MARIE SALOMÉ

Seigneur, ayez pitié de nous.

Christ, ayez pitié de nous.

Seigneur, ayez pitié de nous.

Christ, écoutez-nous. Christ, exaucez-nous.

Dieu le Père des cieux, ayez pitié de nous.

Dieu le Fils Rédempteur du monde, ayez pitié de nous.

Dieu le Saint-Esprit, ayez pitié de nous.

Trinité Sainte qui êtes un seul Dieu, ayez pitié de nous.

Sainte Vierge Marie, mère immaculée de Jésus, priez pour nous.

Saintes Maries Jacobé et Salomé, proches parentes de la mère de Jésus, priez pour nous.

Saintes Maries, mères de plusieurs apôtres de Jésus, priez.

Saintes Maries, fidèles servantes du Sauveur Jésus, priez.

Saintes Maries, qui avez assisté et consolé la mère de Jésus, priez pour nous.

Saintes Maries, qui avez profité des exemples et des leçons de Jésus, priez pour nous.

Saintes Maries, qui avez suivi jusque sur le Calvaire le Sauveur Jésus, priez pour nous.

Saintes Maries, qui avez porté des parfums pour embaumer le corps de Jésus, priez pour nous.

Saintes Maries, qui avez appris par un ange la résurrection de Jésus, priez pour nous.

Saintes Maries, qui les premières, après sa résurrection, avez vu et adoré Jésus, priez pour nous.

Saintes Maries, qui avez été les Apôtres des Apôtres en leur annonçant la résurrection de Jésus, priez.

Saintes Maries, qui avez été témoins de l'ascension de Jésus, priez pour nous.

Saintes Maries, qui avez persévéré dans la prière avec la mère de Jésus, priez pour nous.

Saintes Maries, qui avez reçu le Saint-Esprit avec les apôtres de Jésus, priez pour nous.

Saintes Maries, qui avez souffert la persécution pour l'amour de Jésus, priez pour nous.

Saintes Maries, qui avez été exposées au naufrage pour la foi de Jésus, priez pour nous.

Saintes Maries, qui avez embaumé la Judée et la Provence de la bonne odeur de Jésus, priez pour nous.

Saintes Maries, qui par vos ferventes prières avez converti les peuples à Jésus, priez pour nous.

Saintes Maries, qui avant de mourir avez reçu les derniers Sacrements de Jésus, priez pour nous.

Saintes Maries, qui durant votre agonie avez invoqué le nom de Jésus, priez pour nous.

Saintes Maries, qui avez quitté cette terre dans l'amour de Jésus, priez pour nous.

Saintes Maries, qui intercédez sans cesse pour nous dans le Ciel afin de nous conserver la foi de Jésus, priez pour nous.

Soyez-nous propice, pardonnez-nous, Seigneur.

Soyez-nous propice, exaucez-nous, Seigneur.

Par l'intercession des Saintes Maries, délivrez-nous, Seigneur.

De tout péché, délivrez-nous, Seigneur.

Du naufrage et des inondations, délivrez-nous Seigneur.

De la morsure des animaux enragés, délivrez-nous Seigneur.

De la peste, de la famine et de la guerre, délivrez-nous.

De tout mal épidémique, délivrez-nous, Seigneur.

De la mort éternelle, délivrez-nous, Seigneur.

Agneau de Dieu qui effacez les péchés du monde, pardonnez-nous, Seigneur.

Agneau de Dieu qui effacez les péchés du monde, exaucez-nous, Seigneur.

Agneau de Dieu qui effacez les péchés du monde, ayez pitié de nous.

Christ, écoutez-nous. Christ, exaucez-nous.

ORAISON

Faites, ô Seigneur Jésus-Christ, que nous ressentions les effets de la protection des Saintes Maries Jacobé et Marie Salomé, qui ont brûlé du zèle le plus ardent à vous servir pendant votre vie et à vous rendre leurs pieux devoirs après votre mort ; vous qui vivez et régnez....

—————

SECOND JOUR

Tout comme au premier jour jusqu'à la Méditation

MÉDITATION

CONFIANCE DES SAINTES MARIES

Leur confiance fut entière, sans réserve. Elle se reposa sur Dieu du soin même de leur existence, ne s'occupant que de la venue du règne de Dieu dans leur cœur et dans celui de tous les hommes. Mais la circonstance qui fit paraître avec plus d'éclat cette confiance fut lorsque la malice des Juifs les exposa sur la mer à une mort inévitable. En voyant les abîmes ouverts sous leurs pieds et prêts à les engloutir, elles espérèrent contre toute espérance.

Qu'il est beau de les considérer sur leur pauvre barque, droites, calmes, paisibles, les yeux fixés vers le Ciel, sans crainte des abîmes qui les menaçaient sous leurs pieds. La confiance produit des miracles, et le Saint-Esprit assure que ceux qui se confient au Seigneur ne seront jamais confondus. Aussi les flots se courbèrent respectueusement sous la barque des Saintes Maries : l'ange du Seigneur s'en fit le conducteur, et ce frêle navire aborda paisiblement sur nos côtes. O rivage privilégié ! redis-nous les chants d'amour et de reconnaissance de ces nobles proscrites à qui tu as donné l'hospitalité ! Et vous, anges de ténèbres, fuyez au loin devant le flambeau de la foi qu'elles nous apportent !

O Saintes Maries, bénie soit la barque qui vous a déposées sur notre plage : béni soit l'ange qui s'en est fait le pilote ; béni soit Dieu qui vous a envoyées pour être nos mères et nos apôtres. Nous voguons sur la mer de ce monde, plus fertile en naufrages que celle dont vous avez bravé les dangers ; dirigez-nous à travers ses écueils, afin que nous arrivions heureusement au port du salut éternel. *Ainsi soit-il.*

HYMNE

Marias Sanctas pangimus,
Christo propinquas sanguine,
Tibique laudes debitas,
Mater Jacobi, solvimus.

Claræ per orbem feminæ,
Dei ministræ pauperis,
Manu cibatis divite,
Qui vos potenter sustinet.

Vestras opes qui mutuat,
Quantas rependit prodigus,
Mentes sacratis irrigat,
 Veri fluentis ebrias.

Nous chantons vos louanges, illustres Saintes Maries, heureuses mères qui avez eu le bonheur d'être unies par les liens du sang à Jésus notre Sauveur.

Femmes fortes, ornements et modèles de votre sexe, l'univers entier vous honore, exalte votre charité. Vous servîtes le Maître de l'univers ; vous nourrîtes celui qui pourvoit à nos besoins.

Mais celui qui accepte vos pieux offices, avec quelle générosité ne les récompense-t-il pas? De quels dons précieux n'enrichit-il pas vos âmes?

Gloire immortelle à Dieu le Père ; gloire au Fils unique du Père ; gloire au Saint-Esprit. Ainsi soit-il !

Magnificat, etc.

Antiph. Erant autem ibi mulieres à longè, quæ secutæ erant Jesum à Galilæâ, ministrantes ei, inter quas erat Maria Magdalena, et Maria Jacobi, et Joseph mater, et mater filiorum Zebedæi.

Antienne. Plusieurs femmes suivaient Jésus et le servaient, entre lesquelles étaient Marie Magdeleine, Marie mère de Jacques, et Marie mère des fils de Zébédée. *Matth.*, 27.

TROISIÈME JOUR

Comme au premier jour, jusqu'à la Méditation

MÉDITATION

AMOUR DES SAINTES MARIES POUR LA PERSONNE SACRÉE DE N.-S.

Leur amour pour Dieu fut au-dessus de tout, courageux et constant. Jésus-Christ avait dit : « Si quelqu'un vient à moi et ne hait pas son père et sa mère, ses enfants et même sa propre vie, il n'est pas digne de moi. Les Saintes Maries furent donc très-agréables à Dieu, puisqu'elles abandonnèrent leur famille pour suivre J. C. L'amour de Dieu les attacha à son service, lorsqu'elles ne voyaient encore en lui qu'un grand prophète, un homme extraordinaire envoyé du Ciel pour le salut d'Israël. Elles favorisaient de tout leur pouvoir le saint ministère de sa parole, préparant les esprits et les cœurs à l'écouter avec docilité ; cet amour fut courageux au-dessus des épreuves les plus fortes. Les Apôtres l'ont suivi sur le Thabor, et quand il opérait des miracles, les Saintes Maries ne l'ont pas abandonné sur le chemin du Calvaire ; elles étaient au pied de la croix ; elles furent les premières à son sépulcre. Notre Sauveur a dit de sainte Magdeleine qu'elle avait beaucoup aimé, et que beaucoup de péchés lui avaient été remis ; les Saintes Maries aussi ont beaucoup aimé, et Notre Seigneur les a comblées de grâces et de priviléges ; et toute la terre redit l'honneur qu'il leur rend, comme elle publie l'action de sainte Magdeleine.

Quel beau portrait de l'amour nous fait dans son livre immortel l'auteur de l'*Imitation* : l'amour est une grande chose ; il rend léger tout ce qui est pesant. Il n'y a rien de plus doux que l'amour, rien de plus fort, rien de plus élevé, rien de plus étendu, rien de plus agréable, rien de plus parfait et de meilleur dans le Ciel et sur la terre. O Saintes Maries! vous avez éprouvé tous ces effets admirables du saint amour; faites que nous les ressentions quand nous approcherons de notre Seigneur dans le sacrement de son amour, afin que nous commencions sur la terre ce que nous continuerons éternellement dans le ciel. Ainsi soit-il!

HYMNE

Adeste, sacra pignora,
His quæ sedetis finibus,
Vestrumque nomen, ut loci
Honor sit et custodia.

Bienheureuses Maries, écoutez un peuple qui réclame votre protection. Vos reliques font la gloire de cette contrée, qui les possède. Faites aussi qu'elles soient le gage de son bonheur.

O vos! Mariæ, quas dedit
Nobis patronas Præpotens,
Hoc remigantibus mari
Portus beatos pandite.

Saintes Maries, puisque le Ciel nous a donné votre appui, obtenez-nous la grâce d'éviter les dangers de la mer orageuse de ce monde, et d'arriver heureusement au port du salut.

Patri perennis gloria,
Nato Patris sit unico,
Sanctoque compar Flamini,
Uno Dei sub nomine. Amen!

Qu'une gloire immortelle soit rendue au Père, à son Fils notre Rédempteur, au Saint-Esprit qui procède du Père et du Fils dans tous les siècles des siècles. Ainsi soit-il!

Magnificat, etc.

Antiph. Stabant juxtà crucem Jesu Mater ejus, et soror Matris ejus, Maria Cleophæ et Maria Magdalene.

Antienne. La Mère de Jésus et la sœur de sa Mère, Marie de Cléophas et Marie-Magdeleine, se tenaient auprès de la Croix. *Joan.*

Prions. Seigneur, etc., comme au premier jour, etc.

QUATRIÈME JOUR
Comme au premier jour, jusqu'à la Méditation

MÉDITATION
LES SAINTES MARIES NOS MODÈLES DANS L'AMOUR QUE NOUS DEVONS AVOIR POUR J.-C. DANS LE SACREMENT DE L'EU-CHARISTIE.

La foi, l'espérance et la charité des Saintes Maries, sont dignes de nos louanges ; mais rien n'est au-dessus de leur amour et de leur dévouement pour la personne sacrée de J.-C. Cet attachement a commencé dès son enfance ; il a eu son accroissement pendant la vie publique de J.-C., et enfin il a atteint sa perfection sur le Calvaire et auprès du Sépulcre. Jusqu'à ce moment les Saintes Maries aimaient dans le fils de leur sœur un homme de Dieu, un grand prophète ; elles étaient unies avec lui par les liens de la parenté et du sang. Après la résurrection, quand J.-C. leur apparut tout brillant de gloire et que sa divinité leur fut révélée, alors l'amour naturel s'unissant au surnaturel forma dans leur cœur un attachement au-dessus de toute expression. Mélange admirable des sentiments inspirés par la nature et des transports formés par la foi. Ainsi Marie, leur divine parente, adorait-elle son Dieu dans son fils, et aimait-elle un fils dans son Dieu.

Quel attachement n'ont-elles pas témoigné à

J.-C. dans le temps de sa Passion, lorsque ses apôtres prirent la fuite, que le peuple Juif avait obtenu son arrêt de mort et qu'on l'avait chargé de sa croix. Les Saintes Maries le suivirent courageusement jusqu'au Calvaire, malgré les mépris et les insultes de la populace. Elles ne l'abandonnèrent pas pendant ses trois heures d'agonie, jusqu'à ce qu'il eût rendu le dernier soupir. Leur amour leur inspira de plus la démarche sublime d'acheter des parfums, et de venir trois jours après à son sépulcre pour embaumer son corps et lui donner des preuves de leur dévoument, même après sa mort. Aussi J.-C. les combla de ses grâces les plus privilégiées ; et après son ascension, le temps qu'elles passèrent à Jérusalem et dans leur solitude de la Camargue tenait plus de la vie des heureux habitants du ciel que des malheureux enfants de la terre.

Voulons-nous donc persévérer, croître dans cet amour qui est le fondement de toute solide piété, soyons dévôts aux Saintes Maries ; elles nous enseigneront la manière de nous approcher avec respect de la sainte Eucharistie, afin d'en retirer des fruits abondants pour notre salut ; elles nous découvriront les illusions du démon, qui fait tout ses efforts pour nous détourner de la sainte communion et nous rendre pénible la pratique de ce moyen puissant de sanctification.

Saintes Maries, nous recevons souvent le corps de J.-C. dans la sainte Eucharistie. Le démon, qui connaît les grâces infinies qu'elle renferme, fait tous ses efforts, emploie tous les moyens pour nous détourner de la sainte communion. Ne permettez pas que nous soyons le jouet de ses illusions. Cet ange de ténèbres cherche à tromper les enfants de la lumière. Découvrez-nous, ô nos bonnes mères ! ses embûches, et attirez-nous à approcher de la sainte table courageusement, humblement, saintement. Ainsi soit-il !

HYMNE

Témoins, sur le Calvaire, de la mort d'un Dieu qui, en mourant, nous donne la vie, les saintes femmes mêlent leurs larmes avec le sang de ce Dieu Sauveur.

In monte testes funeris
Quo vita mundi gignitur,
Fusi cruoris æmulos
Fletus refundunt feminæ.

Elles partagent avec Jésus-Christ l'excès de ses peines ; leur cœur s'attache à sa croix ; leur âme ressent les atteintes de tous coups qui lui sont portés.

Christi dolorum consciæ,
Hærent Cruci quâ tollitur,
Et plantibus tot ingemunt
Quot vulneratur ictibus.

Victimes, elles s'offrent en holocauste au Dieu qui meurt par amour. C'est l'amour encore qui commande et consomme le sacrifice de ces amantes de leur Dieu.

Deo litato victimæ,
Se corde mactant victimas ;
Alternâ Crux est charitas,
Quæ diligentes immolat.

Gloire soit rendue au Père, gloire soit rendue au Fils, gloire soit rendue au Saint-Esprit, trois en un seul Dieu. Ainsi soit-il !

Magnificat, etc.

Antienne. Les Saintes Maries observèrent où l'on mettait le corps du Sauveur. Le premier jour de la semaine, de grand matin, elles arrivèrent au sépulcre au lever du soleil. *Marc*, 15.

Antiph. Maria autem Magdalene et Maria Joseph aspiciebant ubi poneretur, et valdè manè unâ sabbatorum, venerunt ad monumentum, orto jàm sole.

Prions. Seigneur. etc., comme au premier jour. jusqu'à la fin.

CINQUIÈME JOUR
Comme au premier jour, jusqu'à la Méditation

MÉDITATION

LES SAINTES MARIES NOS MODÈLES DANS LA DÉVOTION ENVERS LA TRÈS-SAINTE VIERGE

Unies par les liens du sang avec cette divine mère, les Saintes Maries apprécièrent tout le trésor renfermé dans cette sainte parenté. Elles la visitèrent souvent dans sa solitude de Nazareth. Elles l'accompagnèrent quand elle était à la suite de son fils pendant ses prédications. Elles étaient avec elle sur le chemin du calvaire au pied de la croix, où elles soutinrent son immense douleur, et partagèrent ses ignominies et celles de son divin Fils. Parmi les nombreux sacrifices que Dieu demanda à ces femmes courageuses, un des plus grands fut quand, jetées sur la mer, elles furent obligées de se séparer de cette parenté bien-aimée. Aussi un des premiers signes d'amour et de reconnaissance qu'elles lui témoignèrent fut, sur la terre où elles abordèrent, de lui élever un oratoire et de lui consacrer ces peuples que Dieu leur avait donnés en héritage.

O Saintes Maries! c'est donc vous qui nous avez consacrés au culte de la Sainte Vierge, et en nous la France entière, qui se glorifie du titre de royaume de Marie. Nous ratifions de tout notre

cœur, ô grandes Saintes ! cette solennelle consé-
cration. Nous ne séparerons jamais l'amour du
Fils de celui de la Mère. Nous nous regarderons
toujours comme consacrés à Jésus et à Marie; nous
agirons toujours comme de vrais enfants de Jésus
et de Marie; nous nous conduirons aussi comme
vos enfants, ô grandes Saintes! Soyez pour nous
des mères bonnes et tendres, et écartez de dessus
nos têtes les maux qui nous menacent sur cette
terre d'exil. Ainsi soit-il !

HYMNE

Martyres du saint amour, où cherchez-vous Jésus? Séchez vos larmes. Il n'est plus dans le tombeau; il a triomphé de la mort; il fait succéder la joie à vos douleurs.	Jesum, sepulcro conditum Ecquid gementes quæritis? En ille victor funeris Vertit dolorem gaudio.
Tandis que vous portez avec empressement des parfums pour l'embaumer, Jésus se présente à vous plein de vie et remplit votre cœur d'ineffables consolations.	Dum condiendo corpori, Unguenta fertis sedulæ, Vivum triumphans se refert, Vestro fruendum pectori.
Il vous montre ses plaies saignantes encore; rassurez-vous, elles sont toutes des sources de salut. C'est d'elles, comme par elles, que découleront sur vous des grâces précieuses et sans fin.	Cruenta monstrat vulnera, Fontes apertos gratiæ. Hinc quantus in vos munerum Amnis sacrorum defluit.
Ames heureuses, du haut du Ciel où vous régnez, jetez sur nous des regards favorables; exaucez nos vœux; demandez au Père des miséricordes qu'après vous avoir imitées sur la terre nous ayons part avec vous au bonheur éternel.	O quas beatus redux! Genti favens app' Ut caritatis æmula Sit et coronæ particeps.

Patri perennis gloria,
Nato Patris sit unico,
Sanctoque compar Flamini,
Uno Dei sub nomine. Amen !

Gloire à la Trinité sainte, au Père qui nous a créés, au Fils qui nous rachetés, au Saint Esprit qui nous éclaire, trois en un seul Dieu. Ainsi soit-il ! Magnificat, etc.

Antiph. Et introëuntes in monumentum, invenerunt juvenem sedentem in dextris coopertum stolâ candidâ; qui dicit illis : Nolite expavescere : Jesum quæritis Nazarenum crucifixum; surrexit, non est hic.

Antienne. Les saintes femmes étant entrées dans le sépulcre, elles y virent un jeune homme assis, vêtu d'une robe blanche. Il leur dit : Ne craignez point : vous cherchez Jésus de Nazareth, qui a été crucifié; il est ressuscité, il n'est point ici. *Marc*, 16.

Prions. Seigneur, etc., comme au premier jour, jusqu'à la fin.

SIXIÈME JOUR

Comme au premier jour, jusqu'à la Méditation

MÉDITATION

TENDRESSE DES SAINTES MARIES POUR LES MALADES ET LES INFIRMES

L'Église établie par J.-C. pour le salut des âmes n'est pas si exclusivement occupée à cette mission sublime, qu'elle en oublie le soin de nos corps. Elle a dans sa liturgie des prières pour les préserver des intempéries funestes des saisons. Elle appelle les bénédictions et la rosée du ciel sur les fruits de la terre, pour obtenir à celle-ci la pluie salutaire qui la féconde, ou pour la préserver de la stérilité qui resserre son sein et nous prive de ses trésors. Instruites à l'école de J.-C., les Saintes

Maries ne pouvaient pas être insensibles à la santé de nos corps et à la guérison de nos infirmités. Qui sont ceux en effet qui, le jour de leurs fêtes, se pressent autour de leurs saintes reliques? On y voit des aveugles, des muets, des infirmes de toutes sortes. Spectacle touchant, au moment où descendent les saintes châsses, de voir ces malades se disputer le privilége de toucher les premiers ce bois vénéré avec une foi et une confiance que les Stes Maries récompensent souvent par des miracles. Foi admirable qui les porte à passer de longues heures du jour et de la nuit prosternés auprès des saintes caisses, comme pour attirer sur eux la vertu surnaturelle qu'elles renferment et qui semble s'échapper par le contact sensible de ce bois sacré.

Grandes Saintes, vous voyez à vos pieds des infirmes de toutes sortes et le nombre plus considérable encore de ceux qui, courbés et gémissant sous le poids de leurs peines, et des infirmités de leurs âmes, viennent chercher auprès de vous quelque consolation. Ils ont demandé du soulagement à leurs parents et à leurs amis. Les infirmes n'ont pas négligé le secours de la science des hommes. Mais il est de ces maladies, il existe de ces peines que Dieu seul envoie, que le Ciel seul connaît, et dont le Ciel seul se réserve le remède. Cette connaissance et ce pouvoir admirables, Dieu vous les a communiqués avec abondance, ô Saintes Maries! Vous les ferez donc ressentir à cette multitude qui entoure vos reliques. Elle a cette confiance en votre puissance et en votre tendresse ; car il y a dans vos cœurs les sentiments de compassion que Jésus avait pour les malades, en faveur desquels il faisait sortir de son corps sacré une vertu divine qui les guérissait tous. Mais surtout, nous vous en supplions, ô Saintes Maries ! préservez-nous du péché, le mal souverain qui perd le corps et l'âme pour une éternité. Ainsi soit-il.

HYMNE

Stupente ponto, quæ vehitur
ratis ?
Olli secundis fluctibus innocens
Alludit æquor, ridet æther,
Attoniti siluêre venti.

Quel est donc ce frêle navire qui flotte et s'avance sur la mer étonnée ? Ce terrible élément s'adoucit en sa faveur, l'air est serein, les vents suspendent leur impétuosité.

Frustrà procellis, perfida
gens, vagam
Das ferre navem : dux aderit
viæ,
Ille, ille, fluctus cui minaces,
Cui tumidi famulantur austri.

C'est en vain, nation perfide, que tu livres cette nacelle aux flots irrités. Elle aura pour guide Celui même à qui la mer obéit et devant qui les vents se taisent.

Illo fugati sidere, protinus
Cessêre nimbi : vidit et impo-
tens
Pontus resedit : jussa sævos
Vertit hyems alio furores.

Par la force de son bras, les tourbillons se dissipent ; la mer le voit, elle oublie sa fureur, et la tempête enchaînée respecte les glorieuses proscrites.

Gloire infinie au Père, gloire infinie au Fils, gloire infinie au Saint-Esprit, trois en un seul Dieu. Ainsi soit-il ! | Magnificat, etc.

Antiph. Et exierunt citò de monumento cum timore et gaudio magno, currentes nuntiare discipulis ejus.

Antienne. Les Saintes Maries sortirent aussitôt du sépulcre, saisies de crainte et pénétrées de joie, et elles coururent annoncer aux disciples la résurrection du Sauveur. *Matth.*, 28.

Prions. Seigneur, etc., comme au premier jour, jusqu'à la fin.

SEPTIÈME JOUR

Comme au premier jour, jusqu'à la Méditation

MÉDITATION

APOSTOLAT DES SAINTES MARIES ET LEUR ZÈLE POUR LE SALUT DES AMES

L'apostolat des Saintes Maries est une prérogative et une vocation spéciale qu'elles ont de commun avec les apôtres, les disciples et les autres saintes femmes qui étaient à la suite de Jésus-Christ. Sainte Magdeleine a prêché l'Évangile et a fait des conversions à Marseille et à Aix. Sainte Marthe a été l'apôtre de Tarascon ; pourquoi refuserions-nous aux Saintes Maries l'honneur de l'apostolat? Comment n'auraient-elles pas été animées du zèle du salut des âmes, elles qui comptaient quatre de leur fils dans le collége apostolique? Lorsqu'elles arrivèrent dans nos contrées, elles travaillèrent avec ardeur à la conversion des habitants de leur solitude. Par leur zèle, leurs instructions et leurs miracles, ces esprits plongés dans les ténèbres du paganisme reçurent les lumières de la foi ; ces cœurs endurcis se soumirent au joug de l'Évangile.

Grandes Saintes, quand vous jetez les yeux sur

cette terre arrosée par vos prières, par vos larmes et par vos miracles, envoyez de nouveau votre esprit sur nos contrées et renouvelez la face de cette terre que vous vous étiez choisie. Des doctrines perverses gâtent les esprits; nous courons vers un abîme qui menace de nous engloutir pour toujours: nous crions vers vous, ô grandes Saintes! Ayez pitié de nous, n'oubliez pas que nous sommes votre peuple le privilégié; écoutez-nous, sauvez-nous. Ainsi soit-il !

Hymne

En cymba tutos, dùm loquor, attigit
Portus, verendum detinet hospita
Jàm terra munus : jàm profanas
Respiciens fugit error arces.

Des tyrans insensés jettent les pieuses Maries dans un frêle vaisseau. Le ciel le protége, il franchit les mers. Une terre étrangère reçoit les deux Saintes. A leur aspect, l'erreur, en gémissant, fuit loin de ces contrées.

I nunc, sororum nobile par seges
Mox quanta fratrum vos manet! Ah! diù
Caliginosâ nocte mersas
Sole novo e create gentes.

Oui, par vous, incomparables sœurs, un soleil nouveau va luire sur un peuple trop longtemps plongé dans les ténèbres de la mort, et lui mériter de connaître et goûter la vérité.

Et nos ab altis respice sedibus,
O Christe! nostram per scopulos ratem
Tutare jactatamque ventis.
Fac placido residere portu.

Seigneur, jetez sur nous aussi du haut du Ciel, un regard favorable. Protégez le vaisseau qui nous porte, et, après avoir été battus par la tempête de ce monde, accordez-nous la grâce d'arriver au port du salut.

Sit summa Patri, summa Filio;
Qui per procellas exignum freta.
Per cæcæ lembum dirigebas,
Gloria si tibi summa Flamen.
Amen.

Gloire à la Trinité adorable: au Père, principe de tout bien; au Fils, qui nous a rachetés; au Saint-Esprit, qui nous échauffe et nous éclaire. Ainsi soit-il.
Magnificat, etc.

Antienne. Jésus se présenta aux saintes femmes Et leur dit : Je vous salue, et elles s'approchèrent de lui, embrassèrent ses pieds et l'adorèrent. (*Matth.*, 28.)

Antiph. Et ecce Jesus occurrit illis, dicens: Avete. Illæ autem accesserunt, et tenuerunt pedes ejus, et adoraverunt eum.

Prions. Seigneur, etc., comme au premier jour, jusqu'à la fin.

HUITIÈME JOUR

Comme au premier jour, jusqu'à la Méditation

MÉDITATION

ESPRIT DE PRIÈRE DES SAINTES MARIES

L'esprit de prière est une estime pour ce saint exercice, une confiance en ce moyen de conversion et de sanctification, une disposition à prier fréquemment, produites par les vertus et les dons du St-Esprit. Pour l'âme qui possède cet esprit, toutes ses actions, ses pensées, ses désirs, sont formés par ce principe intérieur ; tout dans son être et dans sa vie devient une prière continuelle, un encens d'une agréable odeur, qui monte sans cesse devant le trône de Dieu.

A l'école de J.-C. et par l'exemple de sa divine Mère, les Stes Maries avaient connu ce besoin, ce goût, ce bonheur de la prière. Nous les voyons dans le cénacle, persévérant dans ce saint exercice avec les apôtres, la mère et les frères de Jésus. Après l'ascension de J.-C., leur vie n'était plus qu'une prière continuelle ; et, pour contenter ce besoin de prier, Dieu les conduisit dans la solitude de la Camargue, où le recueillement profond du désert les attirait continuellement à l'union avec Dieu.

Cet esprit mettra de l'ordre dans nos affaires, de l'égalité dans notre caractère, tempérera la vivacité de nos passions et de nos impatiences. D'où viennent ce calme et cette paix que l'on admire dans certaines personnes pieuses, leur prudence, leur douceur dans les rapports avec le prochain : la cause vient de ce qu'elles prient ; outre le temps qu'elles consacrent chaque jour à ce saint exercice, elles y emploient aussi tout celui qu'elles peuvent dérober aux occupations de leur état, sans nuire à leurs obligations essentielles.

Nous savons que la prière est la clef du Ciel et la source de tous les biens : le sentiment seul de nos besoins devrait nous faire une obligation de prier. Que n'avons-nous pas, en effet, à demander à Dieu, et cependant nous négligeons l'exercice de la prière. Ne souffrez pas, ô grandes Saintes ! que nous négligions plus longtemps ce saint exercice ; obtenez-nous de Dieu l'esprit de prière. Vous étiez dans le Cénacle avec la mère de Jésus et les apôtres ; ô quel modèle pour nous de la ferveur, de la confiance, de la persévérance dans nos prières ! Nous voulons prier comme vous, ô nos Saintes Patronnes ! Demandez pour nous cette grâce. Ainsi soit-il.

HYMNE

Terre, ouvre ton sein! un riche trésor est renfermé dans tes entrailles. Rends - nous enfin, rends-nous ces ossements sacrés qui ne te furent pas confiés pour toujours.

René d'Anjou, inspiré de Dieu même, indique ce précieux dépôt. Aucun obstacle ne l'arrête. Un saint zèle l'anime pour recouvrer ces richesses préférables, à ses yeux, à l'or et aux diamants.

Bientôt le successeur de Pierre s'unit au pieux d'Anjou. Et vous, illustre comte de Foix, non moins pieux que l'un et l'autre, vous participerez avec une ardeur égale à la généreuse entreprise du prince et du pontife.

Gloire immortelle à Dieu le Père, gloire au Fils unique du Père, gloire au Saint-Esprit, trois en un seul Dieu. Ainsi soit-il!

Magnificat, etc.

Antienne. Nous vivons déjà dans le Ciel, et c'est de là que nous attendons la félicité qui nous a été promise par N. S. J. C. *Philip.*, 3.

Tellus avaros pande sinus : tuis
Thesaurus ingens visceribus latet;
Commissa non sic redde tandem;
Omnipotens jubet, ossa redde.

Audivit actus pectora numine
Renatus : ardet quærere purpurâ
Auroque, contemptisque gemmis,
Exuvias pretiosiores.

Quin summus olli, nec morâ, Pontifex
Se jungit ultro ; non pietas minor,
Te magne de Fuxo, volentem
Egregio sociat labori.

Antiph. Nostra autem conversatio in cœlis est : undè etiam Salvatorem expectamus Dominum nostrum Jesum-Christum.

Prions. Seigneur, etc., comme au premier jour, jusqu'à la fin

NEUVIÈME JOUR

Comme au premier jour, jusqu'à la Méditation.

MÉDITATION POUR LA FÊTE DES SAINTES MARIES

CE QUE LES SAINTES MARIES ONT FAIT POUR J.-C. ET CE QUE J.-C. A FAIT POUR LES SAINTES MARIES

Les méditations précédentes nous ont appris ce que les Saintes Maries ont fait pour J.-C. Celle-ci nous fera connaître ce que J.-C. a fait pour les Saintes Maries. Oui, J.-C. a rendu à ses fidèles servantes honneur pour honneur, amour pour amour, dévouement pour dévouement.

Les Saintes Maries et sainte Magdeleine ont témoigné à J.-C. leur amour en honorant sa sépulture ; J.-C. à son tour rendra leur sépulture glorieuse au milieu des nations. C'est en vain que ces saintes femmes, fuyant les regards des hommes, se sont retirées dans des solitudes inaccessibles. C'est en vain que les Saintes Maries en particulier ont fixé leur demeure sur une plage déserte dont le silence éternel n'est interrompu que par le mugissement des tempêtes et le fracas des vagues de la mer ; c'est en vain que sainte Magdeleine s'est enfoncée dans le creux d'un rocher, défendu par une épaisse forêt ; ni la profondeur des bois, ni l'immensité des solitudes, ne sera un obstacle à l'honneur que J.-C. veut rendre à ces saintes femmes : il appellera les populations dans ces lieux sanctifiés par les larmes et les prières de ses servantes. La piété des fidèles traversera la vaste étendue du désert des Saintes-Maries pour aller vénérer leurs reliques, et elle pénétrera dans la grotte profonde qui fut le témoin secret des larmes de sainte Magdeleine et où cette illustre pénitente n'était arrivée que sur les ailes des anges.

A cette manifestation extérieure de la foi des peuples et à la vertu des miracles, J.-C. fera bâtir sur leur tombeau des basiliques qui seront, à travers les siècles, un éclatant témoignage de la foi et de la dévotion des générations et des princes qui les ont élevées.

En ce jour de grâces, ô Saintes Maries! nous nous adressons à vous avec confiance. Conservez-nous la foi que vous nous avez apportée avec tant de sacrifices; bénissez nos familles; bénissez notre pays, dont vous êtes les apôtres et les mères; protégez la France, protégez la sainte Église et son Chef suprême, afin que nous arrivions, sous sa conduite, au port du salut éternel. Ainsi soit-il!

HYMNE

Déjà s'ouvre le sein de la terre, un trésor inconnu depuis tant de siècles paraît enfin à la lumière, et l'ouvrier surpris se prosterne devant sa conquête.

Quel doux parfum se répand dans les airs et dans le tombeau! Vierges saintes, sans doute le Sauveur généreux vous rend les offrandes que vous alliez porter à son sépulcre.

Effossa terræ viscera jam patent:
Jam gaza multis abdita sæculis
Luci revelatur : reperta
Fossor hians veneratur ossa.

At qualis auras mulcet odor, fugans.
Situm Sepulchri ! munera scilicet
Christus, sepulto quæ tulistis,
Officio memori rependit.

O cara nobis pignora Femi-
  nae,
Votis clientum vos faciles
  date ;
Vobisque devotos, benignis
Auspiciis populos fovete.

  Tu, quem Sororum nobilibus
    juvat
Clarare nomen pignoribus
  tuum,
Fac, Christe, tanto nostra
  semper.
Terra patrocinio fruatur.
  Amen !

Antiph. Inspice et fac se-
cundùm exemplar quod tibi in
monte monstratum est.

Saintes Maries, si chères à nos
cœurs, soyez-nous propices ; ne
refusez pas votre protection aux
âmes qui la réclament et se dé-
vouent à votre culte et à l'imitation de vos vertus.

Grand Dieu, qui prenez plai-
sir à manifester votre nom à l'u-
nivers par la sainteté de ces
illustres Sœurs, faites que notre
patrie éprouve toujours leur
puissant secours. Ainsi soit-il.

Magnificat, etc.

Antienne. Considérez et faites
toutes choses, selon le modèle,
qui vous a été présenté. *Exo.*,
215.

PRIÈRES

Qui se chantent à la Descente et à l'Élévation des Reliques.

℣. Benedicta villa maris
Quam thesauris tàm præclaris
Rex dotavit gloriæ.

Nous vous bénissons à l'envi,
heureuse ville qui portez le nom
de Notre-Dame-de-la-Mer, que
J.-C., roi de gloire, a enrichie
des sacrés ossements des Saintes
Maries.

℟. In te portus salutaris.

Ils nous font trouver en vous
un port de salut.

℣. Sal virtutis atque maris
Aquæductus gratiæ.

Le précieux dépôt de leurs
corps est comme un sel qui con-
serve la vertu de vos enfants et
comme un canal qui porte la
grâce dans leur cœur.

℟. In te portus salutaris.

Il nous fait trouver en vous
un port de salut.

℣. Sola digna gloriaris,
Quòd sorores amplexaris
Virginis eximiæ.

Seule, vous avez eu l'avantage
d'être choisie pour renfermer
dans votre enceinte les vertueu-

ses parentes de la plus pure des Vierges; seule, vous jouissez de leurs dépouilles après leur mort.

Elles nous font trouver en vous un port de salut.

℟. In te portus salutaris.

Gloire soit au Père, au Fils et au Saint-Esprit.

℣. Gloria Patri, et Filio, et Spiritui-Sancto.

Ils nous font trouver en vous un port de salut.

℟. In te portus salutaris.

ANTIENNE

Appelée vulgairement le SALVE des Saintes Maries.

Nous vous saluons, glorieuse mère de saint Jacques le Mineur. Nous vous saluons aussi, très-excellente mère de saint Jacques le Majeur.

Salve, mater inclyta
Jacobi Minoris;
Ave, parens optima
Jacobi Majoris;

Votre affinité avec le Sauveur des hommes vous donne un grand crédit auprès de lui; daignez l'employer pour nous obtenir la possession de son royaume éternel.

Utraque matertera
Nostri Redemptoris,
Nos ad regna supera
Trahite splendoris.

℣. Marie Jacobé et Marie Salomé achetèrent des parfums.

℣. Maria Jacobi et Maria Salome emerunt aromata.

℟. Pour aller embaumer le corps de Jésus.

℟. Ut venientes ungerent Jesum.

ORAISON

Faites, ô Seigneur Jésus-Christ! que nous ressentions les effets de la protection de sainte Marie Jacobé et sainte Marie Salomé, qui ont brûlé du zèle le plus ardent à vous servir pendant votre vie, et à vous rendre leurs pieux devoirs après votre mort. Nous vous demandons cette grâce à vous, qui, étant Dieu, vivez et régnez dans les siècles des siècles. Ainsi soit-il!

OREMUS

Da nobis, Domine Jesu-Christe, sanctarum Mariæ Jacobi et Mariæ Salome piis patrociniis adjuvari, quæ tibi tam viventi quàm mortuo studuerunt devotis obsequiis famulari. Qui vivis et regnas in sæcula sæculorum. Amen!

Les personnes qui ne savent pas lire doivent dire, à la Descente et à l'Élévation des Saintes Reliques, dix Pater et dix Ave Maria.

Oraison de sainte Marie Jacobé

OREMUS

Domine Deus omnipotens, qui ineffabili pietate tuâ pretioso corpore Beatæ Mariæ Jacobi ecclesiam de mari mirabiliter decorasti, concede nobis, quæsumus, meritis ejus et precibus gratiam in præsenti et gloriam in futuro consequi sempiternam. Per Dominum nostrum Jesum-Christum, qui tecum vivit et regnat in unitate Spiritûs-Sancti Deus, per omnia sæcula sæculorum.

Amen!

ORAISON

Seigneur, Dieu tout-puissant, qui avez fait merveilleusement éclater votre bonté ineffable pour l'église de Notre-Dame-de-la-Mer, en l'enrichissant du précieux corps de sainte Marie Jacobé, nous vous supplions de nous accorder, par ses mérites et ses prières, de vivre pour le temps dans la grâce et de régner un jour pour l'éternité dans la gloire. Ainsi soit-il !

Oraison de sainte Marie Salomé

OREMUS

Omnipotens sempiterne Deus, qui etiam in sexu fragili potentiam tuam mirabilem prædicasti, concede propitius, ut interveniente Beatâ Mariâ Salome (cujus corpus in hâc ecclesiâ requiescit), divini amoris tui ardoribus inflammati, à gehennæ incendiis liberemur et gloriæ tuæ participes esse mereamur. Per Dominum, etc.

ORAISON

Dieu immortel, dont la puissance souveraine s'est manifestée par des prodiges de vertu, jusque dans le sexe fragile, accordez-nous, par l'intercession de la bienheureuse Marie Salomé (dont le corps repose dans cette église), la grâce de brûler, à son imitation, du feu de votre saint amour, d'être délivrés de celui de l'enfer, et de mériter autant qu'il est en nous la possession de votre gloire. Ainsi soit-il !

Pour la fête de la Révélation

ORAISON

Seigneur Jésus, la gloire et la couronne des saints, vous qui avez consacré ce jour à honorer la mémoire et à célébrer la Révélation des saintes reliques de Marie Jacobé et de Marie Salomé, écoutez les vœux qu'elles vous offrent en notre faveur pour nous rendre témoins et participants de votre gloire, qui fera toujours la félicité des saints. Vous qui vivez et régnez étant un seul Dieu avec le Père et le Saint-Esprit. Ainsi soit-il !

OREMUS

Domine Jesu, Sanctorum splendor mirabilis, qui hunc diem Revelationis sanctarum reliquiarum Mariæ Jacobi et Mariæ Salome solemnitatis consecrasti : da nobis, ipsarum suffragiis, in revelatione sempiternæ tuæ lætari. Qui vivis et regnas cum Deo Patre, in unitate Spiritûs-Sancti, Deus, per omnia sæcula sæculorum.

Amen !

CANTIQUE

EN L'HONNEUR

DES SAINTES MARIES

Air : *Joseph vendu par ses frères*

O grandes Saintes Maries !
    Si chéries
De notre divin Sauveur,
Apprenez-nous votre histoire,
    Et la gloire
Qui captiva votre cœur.

Pour cette gloire immortelle
    Avec zèle
Vous suivîtes Jésus-Christ ;
Déjà sa main vous couronne
    Et vous donne
Tous les biens qu'il vous promit.

Quand cette auguste victime,
    Dans Solyme,
Expia tous nos forfaits,
Près de sa divine Mère,
    Au Calvaire,
Vous exprimiez vos regrets.

Vous courûtes éplorées,
    Désolées,
A son sépulcre sacré ;
Mais les anges qui survinrent
    Vous prévinrent
Qu'il était ressuscité.

Votre voix se fit entendre
    Pour apprendre
Ce miracle glorieux.
Vous fûtes persécutées,
    Outragées,
Par un peuple furieux.

Dans un bateau sans cordage,
    Au naufrage
On vous exposa soudain ;
Mais de Dieu la Providence,
    En Provence
Vous fit trouver un chemin.

O Saintes ! dont la mémoire
    Et la gloire
Triomphent en ce saint jour,
Obtenez-nous, par la grâce,
    Une place
Dans le bienheureux séjour.

CANTIQUES PROVENÇAUX

(Extrait du *Ramelet*.)

I. — L'EMBARCAMEN DI SANTO

Er : *Permetteu qu'avec franchise*

Es alor que falié vèire
   Li grand prèire
E la chourmo di rabin;
Coumo se rejouïguèron
   Quand veguèron
Que di Santo aurien la fin.

Uno viéio ratamalo
   Que rebalo
Sus la ribo pauramen,
'Me si dóugo desglesido
   Es chausido
Pèr aquel embarcamen.

Li sant fraire e sànti femo
   En lagremo
Soun mena pèr li bourrèu,
E chabi l'un après l'autre,
   Pàuri vautre!
Sus aquéu marrit batèu.

Sout soun pes la nau trantraio
   E ganaio,
Pauro nau, que devendras?
Ah! que vèngue lèu, pecaire,
   D'agoutaire!
L'oundo afloco ras-à-ras.

La nau gambio s'alugnavo
   De la gravo
Sai pas coumo e tout plan-plan:
Veici qu'uno femo arribo
   Sus la ribo
Tout en plour e s'escridant:

Menas-me dins la barcado
   Benurado,
O mestresso, menas-me!
Iéu dessus lou temple eiguèstre
   Vole i'èstre
Dins lou paure veisselet.

La doulènto à bruno caro
   Ero Saro,
Que tambèn voulié mouri
'Mé li Santo au founs dis oundo
   Tant prefoundo,
Pèr la fe de Jésus-Christ.

Saloumè, que Diéu ispiro,
   Se reviro,
Trais à Saro soun mantèu;
Sus lis oundo, ô meraviho!
   La mantiho
Au ribage arribo lèu.

Saro alor se signo e mounto,
   Gaio a proumto,
Sus lous vèsti desplega;
Un revòu que sautourlejo
   La carrejo
E la meno s'embarca;

E la barco meigrinello
   Sènso vèlo,
Sènso remo, sèns pilot,
Gagno vite la mar auto,
   E defauto
Li Jusiòu e si coumplot.

II. — LOU DESBARCAMEN DI SANTO

Diéu menavo nòsti Santo
Sus lis erso et li revòu;
Li menavo triounflanto
De l'infèr e di Jusiòu.
En-lio-mai, sèns prendre terro,
De filado lou batèu
Tout pauret, desglesi qu'èro,
En Prouvènço venguè lèu.

En Prouvènço prenguè toco
San et sauve emè soun pes
Su'no ribo sènso roco,
En terraire marsihés;
Dins la grande estendedouire
De Camargo, alin au bout
Di mountiho e di sansouiro,
Diéu ie porge un trepadou.

L'Ange qu'èro sus la barco
E qu'avien pa'ncaro vist,
Se fai veire, e'n chascun marco
De se rèndre en tau païs.
«Vous, Lazàri, dins Marsiho;
Meissemin, vous, dedins Ai,
'Me Sidòni au Diéu Messio
Rendrès glòri mai-que-mai

Marto, vous, emé Marcello,
Anas mettre à la resoun
Le Tarasco orro e crudèlo
Dins lou bos de Tarascoun;

Sus la roco avignounenco
Anares planta la crous,
Vosto dicho proumierenco
Pourtara de fru courous.

Dins l'oumbrino d'uno baumo'
Madaleno, bello en plour,
Dèu escoundre à la calanno
Dóu bos negre sa doulour;
E bèn lèu la roco memo
S'esmòura de si souspir,
Gardara de si lagremo
Li degout et li trespir.

Dins la vilo de Toulouso
Savournin adurra lèu
La lei santo e lumenouso
De Jesus, divin soulèu.
Emai tu, lou divin lume,
Vilo d'Arle, vas l'avé;
Reçaupras de sant Trefume
La semenço de la fé.

Vous autri, Mario et Saro,
Restarès 'me li Santen
Sus li bord de l'oundo amaro
En terraire camarguen. »
A la santo troupo entiero
Ansin l'Ange i'espliquè
En chascun soun endrechier
Em' acò dispareiguè.

' La Sainte Beaume, grotte célèbre près de la ville de St-Maximi[n], dans laquelle se retira sainte Madeleine. Une pieuse et poétique légen[de] attribue aux larmes de .... les gouttes d'eau qui to[m]bent sans cesse de la v...... du .....